100 +EIN LIEBLINGS ORT

ZÜRICH SEE

Mit freundlicher Unterstützung von:

100+Ein Lieblingsort – Zürichsee

© 2025 AS Verlag & Buchkonzept AG
Ein Verlag der Lesestoff-Gruppe
Oberdorfstrasse 32, Postfach, CH-8024 Zürich
verlage@lesestoff.ch
Projektleitung: AS Verlag, Zeynep Sayin
Gestaltung und Satz: AS Verlag & Grafik, Urs Bolz
Korrektorat: AS Verlag, Martha Höschel
Lektorat: AS Verlag, Martha Höschel
Druck und Bindung: ADverts
Auslieferung EU: PROLIT Verlagsauslieferung GmbH
Siemensstraße 16, 35463 Fernwald, gpsr@PROLIT.de
ISBN 978-3-03913-063-4

Alle Rechte vorbehalten

Besuchen Sie uns im Internet: www.as-verlag.ch

Der AS Verlag wird vom Bundesamt für Kultur
für die Jahre 2021–2025 unterstützt.

Marianne Siegenthaler

100 +EIN LIEBLINGS ORT

ZÜRICH SEE

AS Verlag

Vorwort

Wir alle haben sie: Diese besonderen Orte, die uns einfach nicht loslassen. Der Aussichtspunkt mit einem atemberaubenden Panoramablick, die gemütliche Dorfbeiz, wo es das beste Cordon bleu gibt, der romantische Park oder das charmante kleine Lädeli, in dem man immer das perfekte Geschenk findet – für solche Orte schlägt unser Herz. Orte, die wir immer wieder besuchen, weil sie uns ein Gefühl von Heimat und Geborgenheit vermitteln. Orte, die uns aufatmen, durchatmen und einfach den Moment geniessen lassen.

Und seien wir ehrlich: Diese besonderen Orte teilt man auch gern mit anderen. Wer liebt es nicht, die eigenen Lieblingsplätze zu zeigen und andere daran teilhaben zu lassen? Genau aus diesem Grund nehme ich Sie in diesem Buch mit auf eine kleine Reise zu meinen 100+Ein Lieblingsorten rund um den Zürichsee. Es sind Orte, die mir im Laufe der Jahre ans Herz gewachsen sind, mit denen ich wunderbare Erinnerungen verbinde und die mich jedes Mal aufs Neue begeistern.

Ein Beispiel? Da wäre die Feuerstelle hoch über dem Zürichsee, an der wir früher mit unserer kleinen Tochter so viele unvergessliche Nachmittage mit Wurst *bräteln* verbracht haben. Oder der Wasserfall, nur einen kurzen Spaziergang von meinem Büro entfernt, der mich immer wieder fasziniert. Wenn ich mal eine Pause vom Alltag brauche, zieht es mich dort hin – kurz innehalten, das Rauschen des Wassers hören und den Kopf freibekommen. An besonders heissen Tagen stelle ich mich darunter und geniesse die kühle Erfrischung. Herrlich!

Aber es sind nicht nur die Naturerlebnisse, die mich hier am See so begeistern. Auch kulinarisch hat die Region einiges zu bieten. Ich denke da an meine handgemachten Lieblings-Pralinés, die zartschmelzend auf der Zunge zergehen. Oder an den kleinen Hofladen, in dem ich regelmässig am Wochenende den vielleicht besten Zopf der ganzen Gegend kaufe. Denn natürlich darf auch das Shoppen nicht fehlen – es gibt so viele charmante Geschäfte rund um den Zürichsee, die besondere Fundstücke anbieten. Nehmen wir zum Beispiel die Brockis: Es macht einfach Spass, nach Schätzen zu suchen und sich vorzustellen, welche Geschichten hinter den einzelnen Stücken stecken. Wer weiss, wem die Sachen früher gehörten und warum sie nun auf einen neuen Besitzer warten?

Und weil ich ein absoluter Wasserfan bin, verrate ich Ihnen in meinem Buch auch einige meiner liebsten Plätze am und im Wasser. Ob ein verstecktes Badeplätzli für ruhige Sommertage, eine unvergessliche Fahrt auf dem historischen Raddampfer oder Orte mit Insel-Feeling – es gibt so viel zu entdecken!

Ich hoffe, Sie haben genauso viel Freude beim Lesen und Erkunden wie ich beim Zusammenstellen meiner Lieblingsorte. Also: Los geht's auf Entdeckungstour – und vielleicht finden Sie ja bald auch Ihren neuen Lieblingsplatz rund um den Zürichsee.

Marianne Siegenthaler

Inhaltsverzeichnis

RECHTES UFER

001 Moorbad Egelsee, Bubikon: Wellness im Naturschutzgebiet 16
002 Apfelautomat, Feldbach: Frisches Obst rund um die Uhr 18
003 s'Gwächshuus, Feldbach: Schöne Dinge mit Geschichte 20
004 Beef-Automat, Hombrechtikon: Feinstes vom Rind 22
005 Pflanzenschau, Hombrechtikon: Gartenparadies
      zum Verweilen 24
006 Storchenkolonie, Lützelsee: Wo Meister Adebar zu Hause ist 26
007 Goethebänkli, Stäfa: Der Dichterfürst macht Pause 28
008 KrimiSpass, Stäfa: An der Goldküste auf Verbrecherjagd 30
009 Molki, Stäfa: Ein Traum für Käsefans 32
010 Seidenhof Brocki, Stäfa: Villa Kunterbunt 34
011 Kulturschüür, Männedorf: Kunst in historischem Gebäude 36
012 Stoffladen Fadenlauf, Männedorf: Alles für
      kreative Selbermacherinnen 38
013 Almapark, Männedorf: Die Zeit steht still 40
014 Antik-Brocki, Uetikon: Klein, aber fein 42
015 Pane & Olio, Uetikon: Mediterrane Spezialitäten
      am Riedstegplatz 44
016 pasitovivelo, Uetikon: Ein kulinarischer
      Abstecher nach Spanien 46
017 Töbeli, Uetikon: Verstecktes Naturspektakel 48
018 Brunnen Gibisnüt, Egg: Wasser vom Feinsten à discrétion 50
019 Brigittes Backstube, Obermeilen: Mit Leidenschaft
      gebacken 52
020 Fischerei Grieser, Obermeilen: Egli, Felchen & Co.
      frisch aus dem Zürichsee 54
021 Hängebrücke, Meilen: Fast wie in Nepal 56
022 Zweienbachweiher, Meilen: Kleines Tobel mit Geschichte 58
023 Elfistein, Meilen: Wenn die Elf-Uhr-Glocke läutet 60
024 Resailing, Meilen: Gebrauchte Segel reloaded 62
025 Rosen Nydegger, Meilen: Blütenpracht in Selbstbedienung 64
026 Hofladen, Toggwil: Der beste Zopf in der Region 66
027 Badeplätzli Kaffee HAG, Feldmeilen: Geheimtipp
      für Baditüüfel 68

028 Antikschreinerei, Herrliberg-Feldmeilen: Alte Möbel in neuem Glanz ... 70
029 Mavenum, Herrliberg: Wie gemacht für Schleckermäuler ... 72
030 Pflugstein, Herrliberg: Grabmal eines verfluchten Ehepaares ... 74
031 Juliette pain d'amour, Erlenbach: Kulinarischer Kurztrip nach Frankreich ... 76
032 Forchdenkmal, Küsnacht: Geschichtsträchtiges Ausflugsziel ... 78
033 Garten vom C.G. Jung-Institut, Küsnacht: Die Schwebende im Rosenparadies ... 80
034 Freihof, Küsnacht: Handarbeit für jeden Anlass ... 82
035 Seebadi Zollikon: 100-jähriges Holzbad mit viel Charme ... 84
036 Villa Meier-Severini, Zollikon: Eisenplastiken inmitten einer Parklandschaft ... 86

STADT ZÜRICH

037 Neuer Botanischer Garten, Zürich: Kurztrip in die Tropen ... 90
038 Keramik Mal-Café, Zürich: Kaffeetassen zum Selbermalen ... 92
039 Fischergarten, Zürich: Biergartenfeeling mit Seesicht ... 94
040 Kunsthaus-Shop, Zürich: Shopping für Kunstfreunde ... 96
041 Rechberg Park, Zürich: Schönster Barockgarten der Stadt ... 98
042 Polyterrasse, Zürich: Bester Aussichtspunkt in 100 Sekunden ... 100
043 Äss-Bar, Zürich: Frische Backwaren von gestern ... 102
044 Leselounge Zentralbibliothek, Zürich: Stundenlang in Zeitschriften schmökern ... 104
045 Bodega Española, Zürich: Spanische Ess- und Trinkkultur seit 150 Jahren ... 106
046 Pizza Nation, Zürich: Pizza – klassisch und auch mal ganz speziell ... 108
047 IGNIV Bar, Zürich: Drinks und Food auf Sterne-Niveau ... 110
048 Miyuko, Zürich: Mekka für Tortenfans ... 112
049 SBB-Oase, Zürich: Nächster Halt: Feines Essen ... 114
050 RestoDisco Charlatan, Zürich: Kulinarik, Klang und kunterbuntes Interieur ... 116
051 Atelier Sirup, Zürich: Wie Kunstharz zu Schmuck wird ... 118
052 Raddampfer Zürichsee: Nostalgisch auf dem See unterwegs ... 120

LINKES UFER

053 C. F. Meyer-Haus, Kilchberg: Leben und Werk
des berühmten Dichters 124
054 Grab von Thomas Mann, Kilchberg: Die letzte Ruhe
für einen grossen Schriftsteller 126
055 Taucherli, Adliswil: Schoggiparadies an der Sihl 128
056 Felseneggbahn, Adliswil: Am Drahtseil in die Höhe 130
057 Wildnispark Zürich, Sihlwald: Urwald in Stadtnähe 132
058 Schiffstationshaus, Rüschlikon: Hier wartet
jeder gern aufs Schiff 134
059 Pin City, Thalwil: Dem Flipper-Virus verfallen 136
060 BuchBox, Thalwil: Treffpunkt für Leseratten 138
061 Gnusspur, Thalwil: Paradies für Feinschmecker 140
062 Kirchturm, Thalwil: Wahrzeichen mit Weitblick 142
063 Seeanlage Farb, Thalwil: Flaniermeile mit Seesicht 144
064 Tankstelle A3 Stop & Go, Horgen: Auftanken
für Mensch und Maschine 146
065 Chalet India, Horgen: Scharfe Kost trifft
Schweizer Tradition 148
066 Sportbad Käpfnach, Horgen: Geheizter Pool im See 150
067 Albishorn, Hausen am Albis: Panorama per pedes 152
068 Grillplatz, Halbinsel Au: Grillieren mit Seeanstoss 154
069 Johanna-Spyri-Museum, Hirzel: Auf Heidis Spuren 156
070 Linde in Hirzel: Symbol für Heimat, Gerechtigkeit,
Frieden und Liebe 158
071 Seeuferweg, Wädenswil-Richterswil:
Immer direkt dem Wasser entlang 160
072 Baumweg, Wädenswil: Von Baum zu Baum durch Wädi 162
073 Reformierte Kirche, Wädenswil: Orgelkunst
in barockem Ambiente 164
074 Kletterzentrum Gaswerk, Wädenswil:
Die Wände hochgehen 166
075 Jugendherberge, Richterswil. Ferienparadies –
Seeblick inklusive 168
076 Giessbachfall, Wädenswil: Wasserfall im Wohnquartier 170
077 Gottfried-Keller-Plätzli, Richterswil:
Inspiration für den Dichter 172
078 Fontäne, Richterswil: Weltsensation am linken Ufer 174
079 Insel Schönenwerd, Richterswil: Grossartiges,
kleines Inselidyll 176
080 Sagi Museum, Samstagern: Alte Handwerkskunst
und die Kraft des Wassers 178

081 Naturschutzgebiet Frauenwinkel, Freienbach: Unverbaute Uferlandschaft 180
082 Seeanlage Pfäffikon, Freienbach: Über Holzstege durchs Naturparadies 182
083 Etzelpass, Egg SZ: Kapelle mit gruseliger Geschichte 184
084 Insel Lützelau, Rapperswil-Jona: Ab auf die Insel! 186
085 MS Meos, Pfäffikon SZ: Schwimmendes Beizli auf dem Zürichsee 188

OBERSEE

086 Hafenanlage, Lachen: Der kunterbunte Friemel 192
087 Eisfeld, Lachen: Eisiges Vergnügen auf dem Seeplatz 194
088 Golfpark Zürichsee, Wangen: Golfen mit Seesicht 196
089 Bätzimatt, Schmerikon: Geschenk der Natur 198
090 Schloss Grynau, Tuggen: Einst im Visier von Spionen 200
091 Greifvogelstation, Galgenen: Greifvögel hautnah erleben 202
092 Kaltbrunner Riet, Uznach: Ausflug ins Vogelparadies 204
093 Aabachbrücke, Schmerikon: Eine historische Brücke im Naherholungsgebiet 206
094 Löyly Sauna, Rapperswil: Sauna in Selbstbedienung 208
095 Campus Mensa, Rapperswil: Gut und günstig essen mit Seesicht 210
096 Holzsteg, Rapperswil-Hurden: Ein Wahrzeichen am Obersee 212
097 Robinson-Bibliothek, Rapperswil: Abenteuerlust und Südseeromantik 214
098 Rotary Buchshop, Rapperswil: Mit Bücherkauf Freude bereiten 216
099 Kapuzinerkloster, Rapperswil: Auszeit im Kloster 218
100 Rosengärten, Rapperswil: In Farben und Düften schwelgen 220
101 Hirschpark Schloss Rapperswil: Von Grafen und Damhirschen 222

ANHANG
Bildnachweis 226
Die Autorin 227
Dank 227

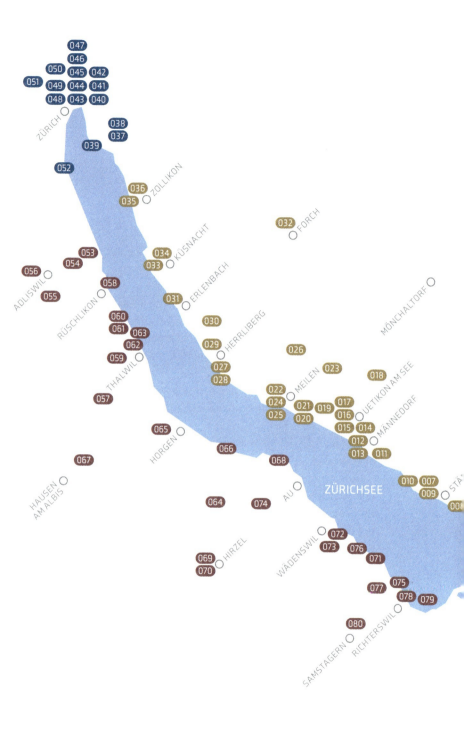

Link zur Karte auf Google Maps:
www.lesestoff.ch/de/lieblingsortezuerichsee

Die 101 Lieblingsorte in der Übersicht

RECHTES UFER 001–036
STADT ZÜRICH 037–052
LINKES UFER 053–085
OBERSEE 086–101

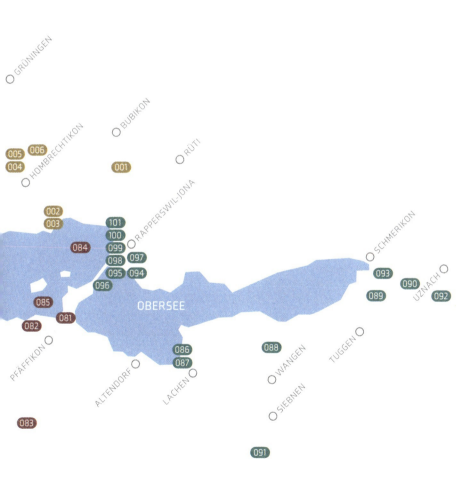

RECHTES UFER

Moorbad Egelsee, Bubikon
Wellness im Naturschutzgebiet

001

Der idyllische Egelsee befindet sich mitten in einem Naturschutzgebiet in der Gemeinde Bubikon zwischen Zürichsee und Zürcher Oberland. Nebst abwechslungsreicher Flora und Fauna hat er etwas Besonderes zu bieten: ein Moorbad, das aus dem Torfboden gestochen wurde und versteckt hinter einem Schilfgürtel in der Badi Lützelsee liegt. Es braucht zwar etwas Überwindung über die Leiter in die schlammige, dunkelbraune Tiefe zu steigen – doch der Einsatz zahlt sich aus, denn dem Bad im Moor wird eine positive Wirkung auf die Gesundheit nachgesagt. Es soll Stress reduzieren, Rheumaschmerzen lindern und die Haut pflegen. Aber es macht auch einfach Spass. Erst recht, wenn man danach vom nahegelegenen Steg ins frische Seewasser springt und zwischen Seerosen zu den Flossen hinausschwimmt. An Land laden nebst der grossen Liegewiese auch zahlreiche lauschige Plätzchen im Schilf, die mit Holzstegen und schmalen Pfaden miteinander verbunden sind, zum Relaxen ein. Und für das leibliche Wohl ist im Badi-Restaurant gesorgt. Gut zu wissen: Auch wenn das Seelein Egelsee heisst, vor Blutegeln muss man sich hier nicht fürchten.

ADRESSE Badi Egelsee, Strandbadweg 2, 8608 Bubikon
ÖV S5 nach Bubikon, Bus 880 ab Bubikon Bahnhof bis Bad Kämmoos, 800 m Fussweg Richtung Hombrechtikon.

ÖFFNUNGSZEITEN
Mai–September:
Montag bis Samstag 9–21 Uhr, Sonntag 9–20 Uhr.

TIPP Der Egelsee kann auch gut mit dem Velo über die Route 66 oder den Panoramaweg erreicht werden.
www.bubikon.ch

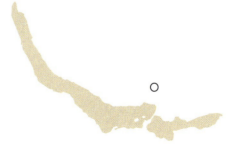

ADRESSE Hunziker Obstbau, Hornstrasse 10, 8714 Feldbach

ÖV Ab Bahnhof Feldbach wenige Schritte hinunter Richtung See.

ÖFFNUNGSZEITEN Apfelautomat: Täglich, rund um die Uhr. Hofladen: Jeden Samstag vom 1. Dezember bis 15. März von 9–11.30 Uhr.

TIPP Keinesfalls verpassen sollte man einen kleinen Spaziergang zum See, wo man einen wunderbaren Blick aufs Schloss Rapperswil hat.

www.hunziker-obstbau.ch

Apfelautomat, Feldbach
Frisches Obst rund um die Uhr

002

Bis vor ein paar wenigen Jahren spuckten Verkaufsautomaten fast ausschliesslich Ungesundes aus: Zigaretten, Süssigkeiten, Softdrinks, Chips und Schokoriegel aller Art. Die Zeiten sind vorbei! Die Nachfrage nach gesunden Snacks steigt, da immer mehr Menschen auf ihre Ernährung achten. Seit mehr als zehn Jahren gibt es im Fernen Osten Automaten, die mit Früchten bestückt sind. So weit braucht man aber nicht zu reisen, um einen knackigen Apfel, frischgepressten Most oder Spezialitäten wie Apfelsenf oder Sommerhonig aus eigener Imkerei zu geniessen. Das gibt es auch aus dem Automaten von Hunziker Obstbau in Feldbach. Der Betrieb steht seit drei Generationen für nachhaltige, umweltschonende und gleichzeitig ökonomische Produktion gesunder Früchte. Gelagert wird das Obst hauptsächlich in einem Naturkeller, was der Haltbarkeit und dem Aroma zugutekommt. Wer sich hier einen Apfel oder eine Birne als Zwischenverpflegung gönnt, kann also ganz sicher sein, dass er ein frisches Produkt aus dem Automaten zieht. Wer das persönliche Gespräch bevorzugt, kann auch den Hofladen besuchen.

s'Gwächshuus, Feldbach
Schöne Dinge mit Geschichte

003

Im Gewächshaus in Feldbach erwartet die Besucher ein buntes Sammelsurium an Möbeln, Geschirr, Besteck und Dekoartikeln, die secondhand zu kaufen sind. Natürlich fehlen auch die Pflanzen nicht. Die Idee mit dem Vintage-Shop stammt von Eliane Lutz, die schon immer eine grosse Freude an hübschen Dingen hatte, die gekonnt arrangiert sind. In gebrauchten Deko- und Erinnerungsstücken erkennt sie eine besondere Schönheit. «Schön mit Gschicht» ist denn auch der Slogan vom Gwächshuus, und von den meisten Sachen kennt Eliane Lutz die Geschichte, die dahintersteckt. Doch hier kann nicht nur geshoppt werden; im stimmungsvollen Ambiente werden auch Brunchs und Fondue-Abende angeboten. Dazu gibt es wechselnde Workshops, wie zum Beispiel Adventskranz-Stecken oder Baristakurse. Am ersten Freitag im Monat werden Spielerinnen und Spieler zum *Spiil- und Jassabig* herzlich willkommen geheissen. Ausserdem kann das Gewächshaus für einen Vereinsanlass oder ein Familientreffen gemietet werden. Es lohnt sich, nicht nur im Gwächshuus, sondern auch auf der Homepage vorbeizuschauen, um zu entdecken, was es Neues gibt.

ADRESSE s'Gwächshuus, Kanalweg 1, 8714 Feldbach
ÖV Bahnhof Feldbach, wenige Schritte hinunter zum Kreisel.
ÖFFNUNGSZEITEN Mittwoch 9.30–17 Uhr, Freitag 11–18 Uhr, Samstag 9.30–17 Uhr.
TIPP Wer möchte, kann sich im Greenhouse Co-Working-Space gleich gegenüber zum Arbeiten niederlassen – ganz sicher kein alltäglicher Arbeitsplatz.
www.gwaechshuus.ch

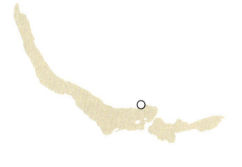

Beef-Automat, Hombrechtikon
Feinstes vom Rind

Einkaufen einmal anders: Statt beim Metzger gibt es beste Stücke vom Rind rund um die Uhr aus dem Automaten. Dieser befindet sich etwas oberhalb des Lützelsees vor dem Hof der geschichtsträchtigen Familie Egli. Für sie kommt das Wohl der Tiere an erster Stelle, und das Rindfleisch wird so naturnah wie möglich produziert. Die Mutterkühe werden nicht von ihren Kälbchen getrennt, und von März bis Oktober sind sie meistens auf der Weide oder sogar in Bergün auf der Alp. Entsprechend gut ist die Fleischqualität. Aus Respekt den Tieren gegenüber gilt hier *from nose to tail*: Sämtliche Fleischstücke werden verwertet und verkauft. So kann man beispielsweise ein Mischpaket bestellen, das verschiedenste Teile enthält und für viel Abwechslung auf dem Teller sorgt. Am Automaten ist das Fleisch tiefgefroren, das Sortiment variiert je nach Angebot und Nachfrage und reicht vom *Saftplätzli* über das Flanksteak bis zum hausgemachten Fleischkäse zum Selberbacken. Bezahlt wird in bar, per TWINT oder mit Karte, und Tiefkühltaschen gibt es auch gleich vor Ort. *En Guete!*

004

ADRESSE Eglihaus, Lutikon 3, 8634 Hombrechtikon

ÖV Ab Bahnhof Stäfa mit dem Bus 955 nach Hombrechtikon Post. Dann Spaziergang zum Lützelsee. Der Hof befindet sich oberhalb vom grossen Parkplatz.

ÖFFNUNGSZEITEN Täglich, rund um die Uhr.

TIPP Während der Grillsaison wird eine Grilltasche mit verschiedenen Würsten, *Spiessli* und Steaks für aufs Feuer angeboten.

www.luetzelsee-beef.ch

Pflanzenschau, Hombrechtikon
Gartenparadies zum Verweilen

005

Den Lützelsee kennt hier in der Umgebung jeder, und auch schweizweit hat er Berühmtheit erlangt: Während der Pandemie-Massnahmen galt die Regel, dass der idyllische See nur im Uhrzeigersinn umgangen werden durfte, um Ansteckungen zu vermeiden. Dass unweit des Lützelsees ein kleines Gartenparadies liegt, ist dagegen eher ein Geheimtipp. Die Baumschule und der Schaugarten der Pflanzenschau AG sind zu jeder Jahreszeit ein Erlebnis, aber am schönsten ist es da natürlich während der Blütezeit. Auf über zweieinhalb Kilometern Naturwegen kann hier allerhand entdeckt werden, so zum Beispiel prächtige Solitärgehölze, akkurat geschnittene Büsche oder farbenfrohe Blütenpflanzen. Dazwischen liegen Findlinge in allen Grössen, und Skulpturen aus Holz und Stein unterstreichen den parkähnlichen Charakter der Anlage. In einer ausgedienten Telefonkabine gibt es Informationen über die Künstler dieser Werke. Plätzchen zum Verweilen und Staunen gibt es jede Menge, zudem stehen ab Mitte März bis Ende Oktober Getränke zur Selbstbedienung bereit.

ADRESSE Pflanzenschau AG, Grüningerstrasse 100, 8634 Hombrechtikon

ÖV Ab Bahnhof Stäfa mit dem Bus 955 nach Hombrechtikon Post. Dann folgt ein Spaziergang zum Lützelsee.

ÖFFNUNGSZEITEN Jederzeit frei zugänglich, auch ausserhalb der Beratungszeiten.

TIPP Für Interessierte werden Führungen, auf Wunsch auch kombiniert mit einem Apéro, angeboten.

www.pflanzenschau.ch

ADRESSE Storchenstation Lützelsee, Hasel 3, 8634 Hombrechtikon
ÖV Ab Bahnhof Stäfa mit dem Bus 955 nach Hombrechtikon Post. Dann folgt ein Spaziergang zum Lützelsee.
ÖFFNUNGSZEITEN Gartenbeiz: Bei gutem Wetter das ganze Jahr über.
TIPP Wer sich für Störche in der Schweiz interessiert, findet viel Wissenswertes auf der Webseite der Gesellschaft Storch Schweiz.
www.storch-schweiz.ch

Storchenkolonie, Lützelsee
Wo Meister Adebar zu Hause ist

006

Sie sind nicht zu übersehen, die vielen grossen Storchennester auf den Bäumen und auf Stangenhorsten rund um den Hof Hasel am Lützelsee. Jeden Frühling finden sich die Storchenpaare hier ein und wechseln sich ab beim Überwachen der Eier, bis der Nachwuchs schlüpft. Vom Wanderweg aus sind die Jungstörche lange nicht sichtbar, bis sie gross genug sind, um mit den Köpfen über den Nestrand zu ragen. Allein wegen dieses Schauspiels lohnt es sich, hierherzukommen. Aber nicht nur das. Das Gartenbeizli im Hasel ist bei Spaziergängern und Velofahrern beliebt, denn hier gibt es nebst Lützelseekäse auch Salsiz, heissen Schübling sowie Schäferwurst. Der Bauernhof ist nämlich eine Schafzucht, und so begeistern im Frühling auch die vielen Lämmchen die Besucherinnen und Besucher. Aber zurück zu den Störchen: Vor über 30 Jahren begann der Ornithologische Verein Hombrechtikon mit der Auswilderung von Jungstörchen auf zwei Stangenhorsten – mit Erfolg. 2023 zählte der Verein 46 Störche, die meisten von ihnen am Brüten. Entsprechend lebhaft geht es hier im Frühling zu und her.

Goethebänkli, Stäfa
Der Dichterfürst macht Pause

007

Eigentlich wollte der Dichter Johann Wolfgang Goethe im Sommer 1797 mit seinem guten Freund, dem Kunstmaler Heinrich Meyer, Italien bereisen und gemeinsam an ihrem Projekt arbeiten: einer umfassenden Enzyklopädie über die Kunst, Kultur und Natur Italiens. Daraus wurde jedoch nichts, da sein Freund erkrankte. So beschloss Goethe, ihn in seiner Heimatgemeinde Stäfa zu besuchen und logierte für einen Monat im Gasthof zur Alten Krone. Bereits am Tag nach seiner Ankunft erkundete er die Gegend und spazierte zum Weg oberhalb des Rebbergs Sternenhalde. Die herrliche Aussicht über den Zürichsee muss es ihm sehr angetan haben, und so wurde dies Goethes Lieblingsplatz in Stäfa. Vielleicht spielte aber auch die 15-jährige Anna Magdalena Pfenninger eine Rolle, die er in Stäfa kennenlernte und die intelligent, witzig und schön war. Ihre Freundschaft blieb nach seiner Abreise erhalten und sie schrieben sich regelmässig in Gedenken an die gemeinsamen, fröhlichen Tage in Stäfa. Zur Erinnerung an den Dichter steht oberhalb des Rebbergs das Goethebänkli – der perfekte Ort, um nicht nur die Aussicht zu geniessen, sondern vielleicht auch in einem von Goethes Werken zu blättern. Oder einen Schluck Wein zu probieren, wie es der Dichter getan hat, wenn man der Inschrift Glauben schenkt: «Goethe sass auch hier mit Wein – beide sollen geehret sein.»

ADRESSE Goethebänkli, Goetheweg, 8712 Stäfa

ÖV Ab Bahnhof Stäfa zu Fuss ca. 30 Minuten über den Friedhofweg zum Goetheweg.

ÖFFNUNGSZEITEN Täglich, rund um die Uhr.

TIPP Die Lesegesellschaft unterhält im Restaurant Alte Krone an der Goethestrasse 12 im ersten Stock eine Bibliothek mit rund 500 Werken von und über Goethe.

www.lesegesellschaft.ch

KrimiSpass, Stäfa
An der Goldküste auf Verbrecherjagd

008

In Stäfa verschwindet kurz vor dem Finale zur Wahl der Miss Sympathy eine der Kandidatinnen. Ist sie untergetaucht, weil ihr der Rummel zu viel wurde? Oder ist ihr etwas zugestossen? Wurde sie gar Opfer eines Verbrechens? Beim KrimiSpass, einem interaktiven Krimi-Trail unter freiem Himmel, wird man zur Kommissarin oder zum Detektiv auf Spurensuche. Anhand einer Spielanleitung und QR-Codes an verschiedenen Schauplätzen erhält man wichtige Indizien, um die Kandidatin so rasch wie möglich wiederzufinden. Keine leichte Aufgabe, aber ein spannendes Spiel für zwei oder mehr Personen, das quer durch Stäfa führt. Den KrimiSpass gibt es nicht nur in Stäfa, sondern auch an zahlreichen anderen Orten in der Schweiz. Er ist jederzeit zugänglich und kostenlos, die dazu nötigen Informationen sowie die Route können im Voraus per Mail angefordert werden. Alles, was man dafür braucht, ist ein Smartphone. Ein Zeitlimit gibt es nicht, sodass man zwischendurch auch einen Kaffee trinken gehen und gemeinsam an der Lösung des Falls tüfteln kann.

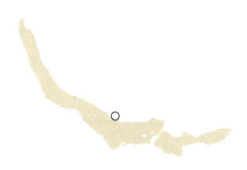

ADRESSE Gemeindeverwaltung Stäfa, Goethestrasse 16, 8712 Stäfa (Start)

ÖV Mit dem Zug bis Bahnhof Stäfa, dann kurzer Spaziergang zum Startpunkt beim Gemeindehaus.

ÖFFNUNGSZEITEN Täglich, rund um die Uhr.

TIPP Auf der Route liegt das Bistro Schiffsteg Stäfa, das im Sommer zu einer Pause einlädt. Die Spielanleitung gibt es auf der Webseite von KrimiSpass.

www.krimispass.ch

ADRESSE Molki Stäfa, Bahnhofstrasse 26, 8712 Stäfa
ÖV Bahnhof Stäfa, wenige Schritte bis zur Molki.
ÖFFNUNGSZEITEN Montag bis Donnerstag 6–12.30 Uhr und 14–19 Uhr, Freitag 6–19 Uhr, Samstag 6–17 Uhr.
TIPP Über zwei Dutzend verschiedene Raclettesorten stehen zur Auswahl und können online vorbestellt werden.
www.molki-staefa.ch

Molki, Stäfa
Ein Traum für Käsefans

Über 250 Käsespezialitäten, Käseplatten, Raclette, Fondue – in der Molki gleich beim Bahnhof Stäfa sind Käseliebhaberinnen und -liebhaber genau am richtigen Ort. Dazu gibt es auch frische Früchte und Gemüse vom Markt und regionalen Bauern sowie ein grosses Sortiment an guten Weinen. Gerade wenn die Fondue- und Raclettesaison am Laufen ist, kann es in dem kleinen Geschäft schon mal etwas eng werden. Aber das professionelle und freundliche Personal hat alles im Griff, und so gibt es kaum Wartezeiten. Angefangen hat die Erfolgsgeschichte vor 23 Jahren, als die Familie Wetter von Meiringen nach Stäfa zog, um in der ehemaligen Volg-Filiale ein eigenes Geschäft zu eröffnen. Zu Beginn lag der Fokus des Käsemeisters und der Floristin ganz auf Käse und Milchprodukten; mit der Zeit wurde das Sortiment langsam vergrössert – beispielsweise mit den selbstgemachten Konfitüren und Desserts. Diese sind übrigens auch nach der Übergabe des Geschäfts an die drei Nachfolger Martin Hallensleben, Dominik Hungerbühler und Armin Heyer 2023 weiterhin erhältlich. Und warum hat keines der fünf Kinder der Wetters das Geschäft übernommen? Sie mögen alle keinen Käse ...

Seidenhof Brocki, Stäfa
Villa Kunterbunt

010 Seit über zehn Jahren gibt es im Seidenhof Brocki in Stäfa das ganze Spektrum an günstigen, kuriosen und gut erhaltenen Secondhand-Artikeln wie Bücher, LPs, CDs, Textilien, Accessoires, Haushaltsartikel, Nippes, Möbel, Gartenartikel, Elektronik, Spielwaren und vieles mehr. All diese Dinge sind liebevoll ausgestellt, hübsch dekoriert, teilweise nach Farben geordnet und jeweils saisonal arrangiert. Geführt wird das Seidenhof Brocki von einem Team des Werk- und Technologiezentrums Linthgebiet (WTL). Die Hauptaufgabe des Vereins besteht darin, Stellenlose jeden Alters wieder in den Berufsalltag zu integrieren. Seit 2019 gehört auch die Villa gleich gegenüber der grossen Halle zum Brocki-Imperium. Das rot gestrichene, dreistöckige Haus mit Palmen davor ist ein echtes Bijou – aussen wie innen. Hier werden die Verkaufsgegenstände in den Räumen nach ursprünglicher Nutzung ausgestellt: Im Badezimmer findet man Badesachen, im Kinderzimmer Spielzeug, und auch ein Zimmer mit Koffern und Tropenhelmen fehlt nicht. Im Sommer stehen Gartenmöbel im kleinen Vorgarten. Auch wenn man nichts Besonderes sucht – hier macht das Stöbern einfach Spass.

ADRESSE Seidenhof Brocki & Bistro, Häldelistrasse 7, 8712 Stäfa

ÖV Zug bis Bahnhof Stäfa, die Unterführung führt direkt zur Villa.

ÖFFNUNGSZEITEN Mittwoch bis Freitag 10–18 Uhr, Samstag 10–17 Uhr.

TIPP Das Seidenhof-Brocki betreibt auch ein Bistro, das vegane, vegetarische und Fleischgerichte, Suppen, Salate und Kuchen anbietet.

www.wtl.ch

ADRESSE Kulturschüür, Alte Landstrasse 230, 8708 Männedorf

ÖV Mit dem Zug bis Bahnhof Männedorf, dann wenige Schritte hinauf zur Villa Liebegg.

ÖFFNUNGSZEITEN Variieren je nach Ausstellung.

TIPP Die Räumlichkeiten können auch für eigene Anlässe gemietet werden.

www.kulturschüür.ch

Kulturschüür, Männedorf
Kunst in historischem Gebäude

011

In der Scheune des ehemaligen Pächterhauses der Villa Liebegg, leicht erhöht über dem Bahnhof Männedorf, befindet sich die Kulturschüür. In den historischen Räumlichkeiten mit den niedrigen Decken und den massiven Holzbalken finden jährlich sechs bis acht Ausstellungen von lokalen und regionalen Künstlerinnen und Künstlern statt, für Vernissagen und Finissagen steht das Foyer im Parterre zur Verfügung. Die Kulturschüür ist für Einheimische ein wichtiger kultureller Treffpunkt. Neben allen Formen und Stilrichtungen der bildenden Kunst finden auch ab und zu Lesungen und Konzerte statt. Daneben ist die Kulturschüür auch ein Schifffahrtsmuseum, wobei die Ausstellung virtuell auf der Homepage stattfindet. Sie wird laufend ausgebaut und zeigt die Geschichte der Schifffahrt auf dem Zürichsee. In der Fotogalerie finden Schiffsliebhaberinnen und -liebhaber historische Bilder von Motorschiffen, Segelbooten, der ersten Fähre sowie Dampfbooten. Daneben gibt es auch Abbildungen von Schiffsmodellen sowie eine Sammlung von Gegenständen aller Art, die mit der Schifffahrt zu tun haben. Reinklicken lohnt sich!

Stoffladen Fadenlauf, Männedorf
Alles für kreative Selbermacherinnen

012

Handarbeit erfreut sich wachsender Beliebtheit, und so liegt auch Nähen im Trend. Das liegt einerseits daran, dass immer mehr Menschen bewusst auf Fast Fashion verzichten. Andererseits gibt es kaum etwas Schöneres, als selbst kreativ tätig zu sein, etwas Eigenes zu entwerfen und anzufertigen. Dazu benötigt man aber die richtigen Zutaten. Für Hobbyschneiderinnen und -schneider ist der Stoffladen Fadenlauf in Männedorf so eine Art Schatzkammer. Denn hier gibt es wirklich alles fürs Nähprojekt – und das in grosser Auswahl: Stoffe in allen möglichen Farben, Mustern und Materialien, Wachstücher, *Blachen*, Kinderstoffe, dazu die passenden Fäden, Knöpfe, Reissverschlüsse, Zierbänder und Schnallen. Das Allerbeste ist aber die kompetente und freundliche Beratung durch die Geschäftsinhaberin Iris Bircher und ihre zwei Kolleginnen. Sie verraten Tricks und Tipps, damit das Nähprojekt auch wirklich zum Erfolg wird. Für Neueinsteigerinnen gibt es zudem zahlreiche Nähkurse unter kompetenter Leitung. Und selbstverständlich sind auch Männer willkommen – George Clooney als prominenter «Sew Brother» macht es vor.

ADRESSE Fadenlauf Stoffe & Mercerie, Langackerstrasse 17, 8708 Männedorf

ÖV Ab Bahnhof Männedorf ca. zehn Minuten Fussweg Richtung Uetikon.

ÖFFNUNGSZEITEN Dienstag bis Freitag 9–12 Uhr und 14–18 Uhr, Samstag 9–13 Uhr.

TIPP Falls man tatsächlich mal nicht fündig wird: Das Team weiss ganz bestimmt, wo das Gesuchte erhältlich ist.

www.fadenlauf.ch

Almapark, Männedorf
Die Zeit steht still

013

Die 1905/06 erbaute Jugendstilvilla Alma, die heute als privates Altersheim dient, wirkt wie ein verwunschenes Zauberschloss. Die Geschichte dahinter liest sich fast wie ein Märchen: Eine ältere Dame möchte ihren Lebensabend in der Villa Alma in Männedorf verbringen. Die Gemeinde ist die Eigentümerin, und das Schicksal dieses schönen Gebäudes steht auf der Kippe. Zahlreiche Kaufinteressierte wandeln durch die grosszügigen Jugendstilräume und bewundern die Sandsteinfassaden, die mit Erkern, Balkonen und Veranden verziert sind, sowie das malerische Bootshaus mit dem charmanten Badehäuschen. Doch die ältere Dame fühlt sich durch die vielen Fremden gestört. Kurzerhand beschliesst sie, die Villa Alma selbst zu kaufen, um den Fortbestand als Alters- und Pflegeheim zu sichern. Während das Innere in Privatbesitz ist, steht der wunderschöne Almapark auf der Süd- und Ostseite der Villa für die Öffentlichkeit zur Verfügung. Hier, unter den mächtigen alten Bäumen, lässt es sich wunderbar entspannen. Die Bänke direkt am See laden dazu ein, bei schönem Wetter dem regen Bootsverkehr im Hafen Weiern zuzuschauen. Ein kleiner Wermutstropfen: Baden ist im Park nicht erlaubt. Doch das hat auch seine Vorteile, denn so bleibt es hier auch im Sommer ruhig und nicht überlaufen.

ADRESSE Villa Alma,
Seestrasse 80,
8708 Männedorf

ÖV Mit dem Zug bis Bahnhof Uetikon, kurzer Spaziergang Richtung Männedorf.

ÖFFNUNGSZEITEN Täglich, rund um die Uhr.

TIPP Gleich auf der anderen Seite der Seestrasse gibt es das Restaurant Spice Village mit indischen und pakistanischen Spezialitäten – auch als Take-away.

ADRESSE Antik Brocki, Alte Landstrasse 144, 8707 Uetikon am See

ÖV S7 ab Rapperswil oder Zürich HB.

ÖFFNUNGSZEITEN Mittwoch bis Freitag 12–19 Uhr, Samstag 12–17 Uhr.

TIPP Das Sortiment ändert sich ständig, darum immer mal wieder reinschauen – erst recht, wenn man auf der Suche nach einem besonders ausgefallenen Stück ist.

Antik-Brocki, Uetikon
Klein, aber fein

014

Die Lage ist geradezu ideal: Der alte Güterschuppen der SBB, in dem das Antik-Brocki eingemietet ist, liegt direkt am Perron des Bahnhofs Uetikon. Potenzielle Kunden braucht Manuel Spengler, der Betreiber, also nicht weit zu suchen, denn beim Warten auf den Zug wirft jeder gern einen Blick vom Perron ins Ladengeschäft. Allerdings sollte man sich unbedingt auch die Zeit nehmen, das Innere des Schuppens zu besuchen. Hier wird augenscheinlich, was die Spezialität des Antik-Brocki ist: Schallplatten und Kassetten in rauen Mengen, sicher über 20 000 Stück! Egal ob Rock oder Pop, Swing, Jazz oder Schlager – für Freunde der alten Tonträger ein wahres Eldorado. Das hat sich herumgesprochen, und manche kommen von weit her, um die gesuchte Platte zu finden. Daneben findet man alles, was das Sammlerherz begehrt: von der Musikbox über den Toaster aus den Sechzigern bis zum antiken Buffet. Was man hier auch antrifft, sind Gegenstände, deren Funktion unklar ist. Das gibt immer wieder Diskussionsstoff für den Betreiber Spengler und seine Kundinnen und Kunden, die miträtseln – und manchmal auch das Geheimnis lüften. Wie beispielsweise bei jenem hübschen Holzkästchen, das sich schliesslich als dekorativer Behälter für eine Urne entpuppte.

Pane & Olio, Uetikon

Mediterrane Spezialitäten am Riedstegplatz

015

Wer sich nach etwas Italianità sehnt, ist im Pane & Olio bei der Familie Negro in besten Händen. Das fängt schon bei der herzlichen Begrüssung an. Hier fühlt man sich willkommen, und die Chefin Claudia steht einem gern zur Seite, wenn man vom Angebot schon fast etwas überfordert ist: Das reicht von hausgemachten *Mezzelune*, über frisches Gemüse und Früchte bis zu einer schönen Auswahl an Käse, Fleischspezialitäten und Oliven. Natürlich fehlen auch erlesene Gewürze, Olivenöle, Pasta aller Art, Saucen und Weine nicht. Verschiedene Brote kann man sich gleich vor Ort mit köstlichen Zutaten belegen lassen. Jeden Tag gibt es zudem ein Mittagsmenü zum Mitnehmen, das man alternativ auch an einem der wenigen Tische im Laden geniessen kann. Ganz besonders schmackhaft sind die Antipasti-Teller mit grilliertem Gemüse, pikanten Salsiccie oder einem Stück ganz frischem Mozzarella. Und selbstverständlich ist die Pasta, die darauf folgt, auf den Punkt al dente gekocht und von einer leckeren Sauce begleitet. Ein Espresso mit einer kleinen Süssigkeit rundet die Mahlzeit ab. Fazit: Wer hier das gute Essen und die herzliche Gastfreundschaft genossen hat, kommt ganz sicher wieder.

ADRESSE Pane & Olio,
Bergstrasse 103c,
8707 Uetikon am See

ÖV Ab Bahnhof Uetikon
20 Minuten Fussweg hinauf
zum Riedstegplatz oder mit
Ortsbus bis Haltestelle
Gemeindehaus.

ÖFFNUNGSZEITEN Montag
bis Freitag 8.30–19 Uhr,
Samstag 8.30–16 Uhr.

TIPP Die gemütliche Location
kann auch für private Anlässe
gemietet werden.

pasitovivelo, Uetikon
Ein kulinarischer Abstecher nach Spanien

016

Pasitovivelo heisst das kleine, gemütliche Bistro an der Weingartenstrasse, und wer es betritt, dem steigt sofort der verführerische Duft von frisch gebackenen Empanadas in die Nase. Die knusprigen Teigtaschen sind köstlich gefüllt, wahlweise mit Hackfleisch, Poulet, Crevetten oder einer Auswahl an Gemüse. Manuela Nieves, gebürtige Spanierin, und ihr Partner Marc Achhammer bereiten diese Spezialitäten in der kleinen Küche frisch zu. Die Leckereien werden in stilvollen Glasvitrinen präsentiert, wo neben pikanten Speisen auch süsse Versuchungen wie Amaretti und *Natas* warten. Wer mag, nimmt seinen spanischen *Zmittag* oder *Znacht* mit nach Hause oder geniesst ihn gleich vor Ort – idealerweise mit einem Glas Cava, Wein oder einer kühlen *Cerveza*. Das kleine, geschmackvoll eingerichtete Bistro lädt nicht nur zum Verweilen, sondern auch zum Stöbern ein. Denn nebst den spanischen Köstlichkeiten gibt es hier auch eine kleine, feine Auswahl an Schmuck, Handtaschen und weiteren Accessoires sowie Secondhand-Markenkleidung. Bienvenido!

ADRESSE pasitovivelo, Weingartenstrasse 6, 8707 Uetikon am See

ÖV Mit dem Zug bis Bahnhof Meilen, dann mit dem Bus bis Haltestelle Tramstrasse.

ÖFFNUNGSZEITEN Montag und Donnerstag 10–17 Uhr, Samstag 10–14 Uhr.

TIPP Für Events kann man bei pasitovivelo auf Bestellung Empanadas und vieles mehr bestellen.

www.pasitovivelo.ch

Töbeli, Uetikon
Verstecktes Naturspektakel

017

Man braucht nicht weit zu reisen, um auf spektakuläre Naturphänomene zu treffen. In den Tobeln und Wäldern am rechten und linken Zürichsee-Ufer gibt es Wasserfälle, die ebenso gut in Brasilien, Bali oder Borneo die Felswand hinunter donnern könnten. Besonders viele davon gibt es auf der rechten Seite. Weshalb? Das hat mit der Geologie der Wasserfälle zu tun. Diese benötigen nebst einem felsigen Untergrund auch ein starkes Relief sowie genügend Niederschlag. Und ganz wichtig: Der Felsuntergrund muss aus Steinschichten unterschiedlicher Härte bestehen. Am rechten Ufer sind diese Voraussetzungen häufiger gegeben als am linken. Allerdings sind manche Wasserfälle gut versteckt und es kann recht abenteuerlich sein, diese zu finden. Aber die Suche lohnt sich, denn gerade nach Niederschlägen bieten diese ein eindrückliches Schauspiel. So zum Beispiel der Wasserfall im Uetiker Töbeli. Mal nur ein schwaches Rinnsal, mal ein tosender Wasserfall, füllt der Haslenbach ein Naturbecken, das bei sommerlicher Hitze gern zur Abkühlung genutzt wird. Bei Minusgraden im Winter hingegen verwandelt sich das Töbeli in eine faszinierende Eislandschaft.

ADRESSE Unterhalb Kreuzung Lindenstrasse/Talstrasse, 8707 Uetikon am See

ÖV Mit dem Zug bis Bahnhof Uetikon, dann mit dem Ortsbus bis Haltestelle Talstrasse.

ÖFFNUNGSZEITEN Täglich, rund um die Uhr.

TIPP Im Sommer steht neben dem *Sitzbänkli* beim Wasserfall eine Bücherbox, die zum Schmökern einlädt.

Brunnen Gibisnüt, Egg
Wasser vom Feinsten à discrétion

018

Nicht nur durstige Wanderer, Biker oder Spaziergänger schätzen den Brunnen auf dem Weiler Gibisnüt oberhalb von Uetikon am See. Manche Einheimischen fahren auch extra da hinauf, um ein paar Flaschen damit zu füllen. Die Qualität des Wassers, das hier aus dem Brunnen sprudelt, ist nämlich hervorragend. Es stammt zu zwei Dritteln aus aufbereitetem Seewasser und einem Drittel Quellwasser aus Bergmeilen und gilt als das beste Wasser der Umgebung. Auch der Standort des Brunnens ist speziell: Er steht auf dem Übergang von der einen auf die andere Seite des Pfannenstiels und bietet einen wunderschönen Blick sowohl Richtung Zürichsee und Zimmerberg als auch Richtung Zürcher Oberland und je nach Wetterlage bis hinüber in die Glarner Alpen. Ausflügler wissen das zu schätzen, unsere Vorfahren, die hier ihr Auskommen als Bauern hatten, eher weniger. Der Flurname Gibisnüt, den es übrigens in zahlreichen anderen Gemeinden auch gibt, basiert auf dem Satz «Gib(t) uns nichts». Damit bezeichnete man ein karges Stück Land, das kaum fruchtbar war und wo es wenig bis gar nichts zu ernten gab.

ADRESSE Chnolliweg, 8132 Egg
ÖV Mit dem Zug bis Bahnhof Meilen, dann mit dem Bus hinauf zum Vorderen Pfannenstiel und auf Wanderwegen hinunter zum Gibisnüt.
ÖFFNUNGSZEITEN Täglich, rund um die Uhr.
TIPP Vom Gibisnüt führen zahlreiche Wanderwege hinauf zum Pfannenstiel, geradeaus Richtung Männedorf oder hinunter nach Oetwil und Egg. Parkplätze sind vorhanden.

ADRESSE Brigittes Backstube, Weidstrasse 35, 8706 Meilen

ÖV Mit dem Zug bis Bahnhof Meilen, dann mit dem Bus 925 bis Haltestelle Weid. Zu Fuss bergwärts, dann links.

ÖFFNUNGSZEITEN Freitag 9–12 Uhr und 14–18 Uhr.

TIPP Einige der köstlichen Backwaren gibt es auch tiefgekühlt zum Aufbacken, wie zum Beispiel Käseküchlein, Schinken- oder Lachsgipfeli oder Gemüseecken.

www.brigittes-backstube.ch

Brigittes Backstube, Obermeilen
Mit Leidenschaft gebacken

019

Die kleine Bäckerei von Brigitte Beck (sie heisst wirklich so) liegt etwas versteckt zwischen Bauernhäusern in Obermeilen an der Grenze zu Uetikon. Das Ladengeschäft ist für die Laufkundschaft nur freitags geöffnet. Trotzdem finden viele Kundinnen und Kunden regelmässig den Weg zu ihr – häufig zu Fuss, denn sowohl von Meilen als auch von Uetikon ist es ein schöner Spaziergang hierher. Kein Wunder, denn sämtliche Backwaren werden mit viel Leidenschaft und Perfektion aus regionalen Zutaten hergestellt – und das hat sich herumgesprochen. Neben verschiedenen Brotsorten wie Schraubenbrot, Pan Pazzino, Dinkelbrot und natürlich Zopf gibt es auch Kleinbrote wie Semmeli, Gipfeli und Laugenbrötli im Sortiment. Als Aufstrich bieten sich erlesene hausgemachte Konfitüren und Gelees an. Dazu hat man die Qual der Wahl aus vielen Saisonprodukten wie zum Beispiel Berliner, Schenkeli und Zigerkrapfen in der Fasnachtszeit. Für die Laufkundschaft ist das Ladengeschäft jeweils nur am Freitag geöffnet. All die köstlichen Backwaren können auch auf Vorbestellung für ein Jubiläum, einen Apéro oder sonst einen Event geordert werden.

Fischerei Grieser, Obermeilen

Egli, Felchen & Co. frisch aus dem Zürichsee

020

Ob Sommer oder Winter – Berufsfischer Peter Grieser aus Obermeilen fährt mit seinem Boot praktisch jeden Tag auf den Zürichsee hinaus. Was seine Ausbeute sein wird, das ist ungewiss, denn sein Fang schwankt von Tag zu Tag. Mal sind es 15 Kilogramm Egli, mal sind es 25 Kilogramm, mal geht auch kaum etwas ins Netz. Für den Berufsfischer ist das Alltag; er kennt das Metier bereits von seinem Vater und seinem Grossvater her, die ebenfalls Berufsfischer waren. Doch was immer er an Land bringt – Egli oder Felchen, Hecht oder Zander, Schwalen oder Trüsche –, jeder Fisch wird in seinem kleinen Fischladen direkt an der Seestrasse, den er mit seiner Frau Monika betreibt, verarbeitet und fangfrisch verkauft. Ausserdem beliefern die Griesers auch Restaurants in der Umgebung mit fangfrischem Fisch. Besonders beliebt sind die *Fischchnusperli*, die grad vor Ort zubereitet werden. Diese können je nach Wunsch sofort verspeist oder zum Mitnehmen eingepackt und zu Hause aufgebacken werden. Die Zürichsee-Felchen-*Chnuschperli* gibt es zudem an verschiedenen Anlässen wie am Tag der offenen Weinkeller oder am Streetfoodfestival in Meilen, das jeweils im Juni stattfindet. Unbedingt probieren!

ADRESSE Fischerei Grieser, Seestrasse 863, 8706 Obermeilen

ÖV Ab Bahnhof Uetikon oder Bahnhof Meilen mit dem Bus bis Restaurant Hirschen Obermeilen.

ÖFFNUNGSZEITEN Dienstag bis Samstag 10–12.30 Uhr, Freitagnachmittag 15–18.30 Uhr.

TIPP Egli sind bei den meisten Fischliebhabern sehr begehrt. Es ist daher ratsam, morgens kurz anzurufen und eine schöne Portion zu reservieren.

www.fischerei-grieser.ch

Hängebrücke, Meilen
Fast wie in Nepal

021

Die Hängeseilbrücke über dem Beugenbachtobel in Meilen ist einzigartig in der Region. Mit einer Spannweite von 60,8 Metern ist sie die längste ihrer Art im Kanton Zürich. Entsprechend viel Material musste dafür verbaut werden: Einige Tonnen Stahl und Beton, fünf Kubikmeter Holz, 140 Meter Erdanker und über 250 Meter Tragseile. Und wie es sich gehört, schwankt sie auch ein bisschen, wenn man sie betritt, obwohl es eine vollkommen sichere Holz- und Stahlkonstruktion ist. Konzipiert hat die Verbindung zwischen Haltenstrasse und Stocklenweg der Bündner Bauingenieur Hans Pfaffen, der mit diesem Brückentyp in Nepal viel Erfahrung hat. Wer nicht völlig schwindelfrei ist, wird trotzdem etwas Mut brauchen, um auf 25 Metern Höhe über dem Tobel über die Brücke zu spazieren. Immerhin ist sie mit 1,40 Metern breiter als üblich und kann sogar mit einem Kinderwagen befahren werden. Und nachts weist ein Band mit LED-Lichtern den Weg und schafft so eine ganz spezielle Stimmung, die man sich nicht entgehen lassen sollte.

ADRESSE Beugenbachtobel auf der Höhe Haltenstrasse und Stocklenweg.
ÖV Mit dem Zug bis Bahnhof Meilen, dann Bus bis Schulhaus Obermeilen, Stocklenweg folgen.
ÖFFNUNGSZEITEN Täglich, rund um die Uhr.
TIPP Der Brückenbesuch lässt sich gut mit einer kleinen Wanderung kombinieren, beispielsweise hinauf zum Panoramaweg.

Zweienbachweiher, Meilen
Kleines Tobel mit Geschichte

022

Sechzehn Weiher gab es im 19. Jahrhundert in Meilen, heute sind es gerade mal noch drei. Einer davon ist der Zweienbachweiher beim Burgrain. Er entstand wie viele historische Weiher nicht zufällig, sondern hatte einen konkreten Zweck, sei es als Mühle- oder Fabrikweiher, als Fisch- oder Feuerweiher. Direkt oberhalb des Zweienbachweihers wurde ab 1839 eine Seidenweberei mit Wasserrad betrieben. Ein Grund für das Verschwinden der Weiher ist die Elektrifizierung, aber beispielsweise auch neue Strassenführungen. Ein paar wenige dienen noch als Zierweiher, haben also keinen anderen Zweck, als die Menschen zu erfreuen. Der Zweienbachweiher, tief in einem Tobel gelegen, ist einer davon. Er ist nicht besonders gross und die Sonne hat Mühe, sich durch die dichtbewachsenen steilen Abhänge durchzukämpfen. Dafür gibt es immer wieder mal ganz spezielle Lichtspektakel, vor allem auch im Winter. Im Sommer schätzen Besucherinnen und Besucher das kühle Tobel als angenehmen Ort, um der Hitze zu entfliehen und auf einer der Sitzbänke zu lesen oder ein kleines Picknick zu geniessen.

ADRESSE Weiher am Zweienbach, Burgrain, 8706 Meilen

ÖV Mit dem Zug bis Meilen, dann ca. zehn Minuten zu Fuss bis Getränkemarkt Rauch, auf Burgrain dem Dorfbach entlang bis Tobeleingang.

ÖFFNUNGSZEITEN Täglich, rund um die Uhr.

TIPP Rund um den Zweienbachweiher gibt es einen interessanten Waldlehrpfad.

Elfistein, Meilen
Wenn die Elf-Uhr-Glocke läutet ...

023

Orte mit ganz besonderer Ausstrahlung gibt es fast überall auf der Welt. Manche Menschen suchen an solchen Plätzen Kraft, Energie oder sogar Heilung. Andere interessieren sich für die Mythen, den Kult und die Geschichten, die sich um diese Orte ranken. Natürlich gibt es auch rund um den Zürichsee solche Plätze – zum Beispiel eine Gruppe von Findlingen in einem Feuchtgebiet oberhalb von Meilen, die sogenannten Roren- oder Elfisteine. Findlinge haben und hatten zu jeder Zeit nicht nur eine geologische, sondern auch eine mystische Bedeutung und wurden für verschiedene Rituale eingesetzt. So findet man zum Beispiel in vielen Findlingen handtellergrosse Vertiefungen, die in vorgeschichtlicher Zeit herausgemeisselt wurden – wobei bis heute unklar ist, wozu diese Vertiefungen gedient haben sollen. Was hat es nun mit den Elfisteinen oberhalb von Meilen auf sich? Der Sage nach sollen sich diese jeweils beim Elf-Uhr-Läuten elfmal um ihre eigene Achse drehen. Andere Quellen besagen, dass der Name nicht auf die Uhrzeit, sondern auf einen Zusammenhang mit Elfen hinweist. Am besten, man geht einfach mal um elf Uhr hin und schaut selbst ...

ADRESSE Bushaltestelle Bundi, 8706 Meilen

ÖV Ab Bahnhof Meilen mit dem Bus bis Haltestelle Bundi, dann nach links Richtung Waldrand. Die Elfisteine befinden sich etwas oberhalb des Kiesweges.

ÖFFNUNGSZEITEN Täglich, rund um die Uhr.

TIPP Folgt man dem Waldweg auf der gegenüberliegenden Strassenseite in östlicher Richtung, gelangt man bald schon an eine Feuerstelle am Waldrand mit schönem Blick auf den Zürichsee – ein traumhaftes Plätzchen für ein Picknick.

ADRESSE Resailing, Kirchgasse 36, 8706 Meilen
ÖV Bahnhof Meilen, wenige Schritte zürichwärts bis zur Kirchgasse.
ÖFFNUNGSZEITEN Dienstag 9–11.30 Uhr, 13.30–17 Uhr, Mittwoch 9–11.30 Uhr, Donnerstag und Freitag 9–11.30 Uhr und 13.30–16 Uhr, Samstag 10–13 Uhr.
TIPP Nebst Taschen aus Segeln gibt es noch viele andere nautische Gadgets wie zum Beispiel Ankerseifen, Handyketten aus Trossen und vieles mehr – auch über den Online-Shop bestellbar.
www.resailing.ch

Resailing, Meilen

Gebrauchte Segel reloaded

024

Auf die Idee kam sie durch ihren Schwiegervater, einen begeisterten Segler: Er brachte Sandra Hänni ein altes Segel mit und ermutigte sie, daraus etwas zu nähen. Die ehemalige Journalistin und begeisterte Hobby-Schneiderin setzte sich an die Nähmaschine und nähte ihre erste Tasche aus Segeln. Ob zum Einkaufen, für die Spielsachen ihrer kleinen Tochter oder für in die Badi – Segeltuch ist das perfekte Material für eine Tasche: Es ist wasserabweisend, sehr strapazierfähig und viel zu schade zum Wegwerfen. In ihrem Atelier mit hübschem Verkaufsgeschäft an der Kirchgasse in Meilen fertigt Sandra Hänni in vielen Stunden Design-, Zuschnitt- und Näharbeit Shopper, Necessaires, Laptoptaschen und Rucksäcke. Das Rohmaterial erhält sie von Freizeitkapitänen vom Zürichsee oder anderen Seen. Die typischen nautischen Details wie Nummern, Beschläge oder Trossen dürfen natürlich nicht fehlen und machen aus jeder Tasche ein Unikat. Nicht zuletzt geht es auch darum, möglichst das ganze Segel zu nutzen und nichts wegzuwerfen. Nachhaltigkeit ist Sandra Hänni wichtig, und dank ihrer Resailing-Taschen kann man gut auf Plastiksäcke verzichten. Und ist ausserdem stilvoll-nautisch unterwegs.

Rosen Nydegger, Meilen
Blütenpracht in Selbstbedienung

025

Wer Rosen liebt, für den ist der Name Nydegger längst ein Begriff. Bereits seit mehreren Jahrzehnten bieten Hugo Nydegger und sein Team ein breites Sortiment an Freiland-, Duft- und Nostalgierosen aus eigenen Kulturen an. Die Treibhäuser befinden sich in Herrliberg und Hagneck am Bielersee und neu auch in Portugal, wo das wärmere Klima Heizkosten spart und die Saison verlängert. In jedem Fall sind die wunderschönen Rosen taufrisch und halten auch entsprechend lange zu Hause in der Vase. In den Filialen in Egg und in Erlenbach kann man sich auf Wunsch einen individuellen Rosenstrauss aus einer grossen Auswahl unterschiedlicher Grössen und Farben zusammenstellen lassen. Beliebt sind auch Kreationen wie Rosengestecke als Kranz oder in Herzform. Wenn es schnell gehen muss, dann ist man in Meilen in einer alten Scheune an der Dorfstrasse am richtigen Ort. Da gibt es fertige Sträusse in verschiedenen Grössen und Preisklassen in Selbstbedienung – bezahlt wird in bar oder per TWINT. Gut zu wissen: Der Standort Meilen ist auch sonntags geöffnet.

ADRESSE Rosen Nydegger, Dorfstrasse 35, 8706 Meilen
ÖV Mit dem Zug bis Bahnhof Meilen, dann ca. 200 Meter zürichwärts der Dorfstrasse entlang.
ÖFFNUNGSZEITEN Februar bis ca. November täglich 7–19 Uhr, Selbstbedienung.
TIPP Ab und zu ist auch ein exquisiter Rosensirup aus eigenen Rosen erhältlich.
www.rosennydegger.ch

ADRESSE Hofladen Vontobel, Toggwil 8, 8706 Meilen
ÖV Bus bis Vorderer Pfannenstiel, dann halbstündiger Spaziergang nach Toggwil.
ÖFFNUNGSZEITEN Täglich, rund um die Uhr.
TIPP Hofläden gibt es in der Region einige, eine Auflistung schweizweit findet man auf Agrotourismus Schweiz.
www.myfarm.ch

Hofladen, Toggwil
Der beste Zopf in der Region

026

Hofläden sind beliebt, denn sie haben häufig rund um die Uhr geöffnet und bieten zudem frische, regionale Produkte an. Viele Bauern setzen auf diese Art der Direktvermarktung, die Charme und einen Hauch Nostalgie versprüht. So auch die Familie Vontobel in Meilen. Ihr Hofladen ist ganz leicht zu finden: Gleich nach dem Restaurant Alpenblick in Toggwil, das weiterum bekannt ist für seine *Metzgete*, geht ein Kiesweg rechts weg zum Bauernhof. Hier gibt es einen kleinen Hofladen, der jedoch viele Besucher anzieht. Vor allem am Samstag kann es schon mal vorkommen, dass sich Autos an Autos reihen. Denn, so schwärmt die Kundschaft, die Vontobels backen den besten Zopf in der Region, und wer will sich einen solchen zum Sonntags-*Zmorge* entgehen lassen? Aber es gibt nicht nur Zopf, sondern je nach Saison auch andere feine Spezialitäten. Zum Beispiel Kaki-Mango-*Konfi* oder Apfel-Zimt-Gelee. Natürlich fehlt auch frisches Gemüse sowie Kartoffeln nicht, und dann gibt es noch ein ganz besonderes Schränklein, das gefüllt ist mit Produkten aus Lavendel: Sirup (unbedingt probieren!), Badesalz, Lavendelsalz, Gelee, Salbe und hübsche kleine Lavendelsäckchen, deren Geruch einen in die Provence versetzen.

Badeplätzli Kaffee HAG, Feldmeilen
Geheimtipp für Baditüüfel

027

Rund hundert Jahre alt ist das imposante Fabrikgebäude direkt neben dem Bahnhof Herrliberg-Feldmeilen. Hier wurde früher am weltweit ersten entkoffeinierten Bohnenkaffee getüftelt. Ludwig Roselius, der als Erfinder gilt, gelang es 1905, der Kaffeebohne das Koffein zu entziehen. Ein Jahr darauf wurde die Kaffee-Handels-Aktiengesellschaft (Kaffee HAG) gegründet. Die gute Verträglichkeit war und ist das Erfolgsrezept, das Kaffee HAG auch international erfolgreich machte. Die Kaffee HAG war 1917 dann auch die erste internationale Firma in Meilen. Der dazugehörige Hochkamin galt lange als Wahrzeichen, ebenso wie der charakteristische Duft nach geröstetem Kaffee rund um die Fabrik. Der Kamin wurde 1974 nicht mehr benötigt und gesprengt; bis in die achtziger Jahre blieben aber die «Kaffee HAG»-Schriftzüge und Herzen aus Blumen auf dem Fabrikgelände, gut sichtbar von der Seestrasse beziehungsweise vom Zug aus, erhalten. Ab 1999 wurde das Industriegebäude sorgfältig und umfassend renoviert. Heute gibt es im Industriezeitzeugen unter anderem Arztpraxen und eine Privatschule. Erhalten blieb auch die schöne Seeanlage mit Liegewiese unterhalb der Fabrik, die öffentlich zugänglich und oft weniger überlaufen ist als die Badis rund um den See.

ADRESSE Seeanlage, Seestrasse 78, 8706 Feldmeilen

ÖV Mit dem Zug bis Bahnhof Herrliberg/Feldmeilen, dann wenige Schritte hinunter zum See.

ÖFFNUNGSZEITEN Täglich, rund um die Uhr.

TIPP Gleich daneben zürichwärts liegt das Badhüsli mit Küche, Grill, Badetreppe, Festbankgarnituren und Aussendusche, das für private Anlässe bei der Gemeinde Meilen gemietet werden kann.

www.meilen.ch

Antikschreinerei, Herrliberg-Feldmeilen
Alte Möbel in neuem Glanz

028

Einst wurden hier Billette verkauft, heute restauriert die Antikschreinerin Lisa Lutz in der Schalterhalle des Bahnhofs Herrliberg-Feldmeilen Möbel. Trotzdem kann es mal vorkommen, dass jemand hereinkommt, um ein Zugticket zu kaufen. Kein Wunder, denn Lisa Lutz hat an der Inneneinrichtung wenig verändert – vielmehr nutzt sie das alte SBB-Mobiliar für ihre Zwecke. Die Mutter von drei Kindern legt viel Wert auf Nachhaltigkeit und Kreislaufwirtschaft. Deshalb bereitet es ihr grosse Freude, die Möbel ihrer Kundinnen und Kunden vor der Entsorgung zu retten, indem sie sie repariert, restauriert und wieder funktionsfähig macht. Und dank ihres umfassenden Fachwissens kann sie ihrer Kundschaft kompetent Auskunft über Alter und Stil der Möbel geben. Doch auch wer nichts reparieren lassen möchte, sollte die Schalterhalle besuchen. Die Antikschreinerin hat nämlich stets ein offenes Auge für schöne Stücke, die ihr irgendwo begegnen und vor der Nutzung restauriert werden müssen – oder die gleich einer anderen Funktion zugeführt werden können. Diese Möbel stehen dann zum Verkauf. Gut möglich, dass eines davon zum Lieblingsmöbelstück wird.

ADRESSE Antikschreinerei Lisa Lutz, General-Wille-Str. 29, 8706 Meilen

ÖV Mit dem Zug zum Bahnhof Herrliberg-Feldmeilen.

ÖFFNUNGSZEITEN Tagsüber oder auf Anfrage via Webseite.

TIPP Immer wieder reinschauen, denn das Sortiment, das zum Verkauf steht, ändert sich rasch.

www.lisalutz.ch

ADRESSE Mavenum,
Grütstrasse 56,
8704 Herrliberg

ÖV Ab Bahnhof Herrliberg-
Feldmeilen zu Fuss
ca. zehn Minuten.

ÖFFNUNGSZEITEN
Dienstag bis Freitag
7–13 Uhr und 15.30–18 Uhr,
Samstag 8–15 Uhr.

TIPP Als *Znüni*, *Zmittag* oder
Zvieri gibt es eine kleine,
feine Auswahl an Sandwiches
und Canapés – einfach mal
reinschauen.

www.mavenum.ch

Mavenum, Herrliberg
Wie gemacht für Schleckermäuler

029

Swiss Brownie, Sablé au Gruyère, Mandola Isabella Pochettli, Caramel au beurre salé, Peanut Butter Cookies – schon die Namen der süssen und salzigen Köstlichkeiten lassen einem das Wasser im Mund zusammenlaufen. Chef und Inhaber des Manufakturladens in Herrliberg ist Stefan Hug, gelernter Konditor-Confiseur, der sein Wissen in verschiedenen Chocolaterien vertieft hat, bevor er sich selbständig machte. Von den zartschmelzenden Pralinés, delikaten Mandolas und Chocoletten, Hauskonfekt und Konfitüren bis hin zu festlichem Apérogebäck – in Stefan Hugs Mavenum ist alles selbst kreiert, handgemacht und hübsch verpackt. Interessierten erklärt er gern, wie die Köstlichkeiten hergestellt werden und wo die Zutaten herkommen. Seine Leidenschaft für seine Kreationen ist deutlich zu spüren. Nur schon wegen des leckeren Geruchs schaut man immer mal wieder herein – und verlässt das kleine Geschäft bestimmt nicht ohne eine kleine Pralinébox, ein Säcklein Sablés (süss oder salzig) oder eine andere Köstlichkeit.

Pflugstein, Herrliberg
Grabmal eines verfluchten Ehepaares

030

Der Pflugstein ist der grösste Findling im Kanton Zürich und blieb vor rund 15 000 Jahren oberhalb von Herrliberg auf 560 m ü. M. liegen. An diesem Ort wachsen nicht nur seltene Moose, Flechten und Farne, es gibt auch eine gruselige Legende dazu: Einst wohnte am Zürichsee ein Zauberer mit seiner schönen Tochter. Diese verliebte sich in einen Mann, aber dem Vater missfiel das sehr. Er verbot seiner Tochter bei Todesstrafe, weiter mit ihrem Geliebten zusammenzukommen. Doch die beiden hielten sich nicht daran, was dem Zauberer durch seinen magischen Spiegel nicht entging. Wutentbrannt liess der er ein mächtiges Gewitter über den beiden niedergehen. Der Blitz schlug ein, die Erde öffnete sich und verschlang das Paar. In dunklen Nächten sollen bis heute die beiden Liebenden aus der Erde heraufsteigen, eng umschlungen den Stein umwandeln und dabei leise Klagen in die Nacht hinaus seufzen. Der frühere Name des mächtigen Felsbrockens lautete denn auch Fluchstein. Heute suchen manche Menschen den Pflugstein als Kraftort auf, andere nutzen ihn als Kletterblock – allerdings nur an bestimmten Stellen, denn der Stein steht unter Naturschutz.

ADRESSE Oberhalb des Restaurants zum Pflugstein, Pflugsteinstrasse 71, 8703 Erlenbach

ÖV Keine Verbindung mit öffentlichen Verkehrsmitteln. Anfahrt auf Webseite des Restaurants.

ÖFFNUNGSZEITEN Täglich, rund um die Uhr.

TIPP Rund 150 Meter oberhalb des Pflugsteins verläuft der Panoramaweg Zürichsee, der von der Rehalp in Zürich bis nach Feldbach führt.

www.pflugstein.ch

ADRESSE Juliette pain d'amour, Bahnhofstrasse 15, 8703 Erlenbach

ÖV Mit dem Zug bis Bahnhof Erlenbach.

ÖFFNUNGSZEITEN Montag bis Freitag 7–14 Uhr, Samstag und Sonntag 8–13.30 Uhr.

TIPP Juliette pain d'amour bietet auch Backkurse für Baguette, Croissant etc. an.

www.juliette-boulangerie.ch

Juliette pain d'amour, Erlenbach
Kulinarischer Kurztrip nach Frankreich

031

Baguette, Croissants, Tarte au citron, Mille-feuille – das vermisste die gebürtige Französin Stéphanie Borge, die seit vielen Jahren in Zürich lebt. Was tun? Sie kündigte ihren Job und eröffnete 2023 mit zwei Partnern die original französische Boulangerie-Patisserie Juliette pain d'amour. Ihr erstes Geschäft hat seinen Standort am Bleicherweg in Zürich, ein zweites am Vulkanplatz und mittlerweile gibt es auch eine Filiale in Erlenbach. Gebacken wird ausschliesslich mit Mehl, das aus Frankreich importiert wird, und nach traditioneller französischer Bäckerkunst. So gibt es beispielsweise ein unschlagbar knuspriges Baguette aus Weissmehl oder auch Vollkorn, das noch selbst von Hand geformt wird. Die Croissants sind *nature* oder gefüllt mit Himbeeren oder Aprikosen erhältlich, und natürlich fehlt auch das berühmte Pain au chocolat nicht im Sortiment. Wenn man einen feinen *Zmittag* geniessen will, gibt es Sandwiches mit Brie und Birne, Saucisson oder Poulet, Milchbrötchen mit Thunfisch sowie verschiedene frisch zubereitete Salate. Übrigens: Der Name Juliette stammt von Stéphanie Borges Grossmutter. Sie buk immer wunderbare Torten für die ganze Familie.

Forchdenkmal, Küsnacht
Geschichtsträchtiges Ausflugsziel

032

Das Forchdenkmal kennt wohl jeder, der in und um Küsnacht aufgewachsen ist. Denn früher oder später war der «Gefrorene Furz», wie die Flammenstatue auf dem pyramidenartigen Sockel im Volksmund genannt wird, Ziel einer Schulreise. Weniger bekannt ist er hingegen unter seinem richtigen Namen Wehrmännerdenkmal. Dieser Name hat seinen Grund: 1920 wurde auf Initiative der Unteroffiziersgesellschaft des Kantons Zürich ein Denkmal für die Wehrmänner errichtet, die während des Aktivdiensts im Ersten Weltkrieg verstorben waren. Von den neun Gemeinden, die sich um den Standort beworben hatten, wurde die Forch ausgewählt, und zwar unter anderem wegen des tollen Blicks ins Grüne, hinüber auf die Albiskette und auf der anderen Seite hinunter auf den Greifensee. Bei klarem Wetter kommt gegen Osten noch das Alpenpanorama dazu. Grund genug, einen gemütlichen Spaziergang hinauf auf die Forch zu machen und sich auf dem Sockel unter der 18 Meter hohen eisernen Flamme niederzulassen. Diese wurde vom Architekten Otto Zollinger geschaffen, hiess ursprünglich «Das Opfer» und setzte sich gegen 94 andere Entwürfe durch.

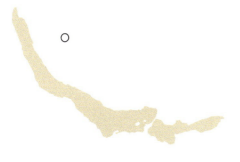

ADRESSE Forchdenkmal, Kronenweg 4, 8127 Küsnacht
ÖV Mit der Forchbahn bis Station Forch, dann kurzer Spaziergang zum Forchdenkmal hinauf.
ÖFFNUNGSZEITEN Täglich, rund um die Uhr.
TIPP Vom Forchdenkmal führt eine gemütliche Wanderung durch den Wald und über Naturstrassen sowie durchs Werenbachtobel hinunter zur Rehalp, der Endstation der Tramlinie Nr. 11.

Garten vom C.G. Jung-Institut, Küsnacht
Die Schwebende im Rosenparadies

033

Mitten im Rosengarten des C.G. Jung-Instituts beim Ruderclub in Küsnacht steht oder vielmehr schwebt wohl eine der schönsten Bronzeplastiken des Schweizer Künstlers Hermann Haller (1880–1950): «Die Schwebende» – eine nackte Frauenfigur, die mit ausgebreiteten Armen zu einem Luftsprung anzusetzen scheint. Das Kunstwerk wurde der Gemeinde Küsnacht 1967 vom Textilfabrikanten Emil Spoerri-Moos geschenkt. 40 Jahre stand die Schwebende am Küsnachter Horn, wurde aber immer wieder von jugendlichen Vandalen beschädigt. Jetzt hat sie im lauschigen Garten des C.G. Jung-Instituts einen sichereren Aufenthaltsort gefunden. Besonders schön ist es hier, wenn die zahlreichen Rosen in allen Formen und Farben blühen. Wer dem Künstler Haller Modell gestanden hat? Möglicherweise seine dritte Frau Hedwig Haller-Braus. Im Alter von 15 Jahren traf sie im Elternhaus zum ersten Mal den Bildhauer Haller, der ihre Begabung sofort erkannte. Sie trat in Zürich als Schülerin in Hallers Atelier ein und stand Modell für mehrere Plastiken. Gut möglich also, dass die Schwebende eigentlich Hedwig heisst.

ADRESSE C.G. Jung-Institut Zürich, Hornweg 28, 8700 Küsnacht
ÖV Mit dem Zug bis Bahnhof Küsnacht, kleiner Spaziergang hinunter zum See.
ÖFFNUNGSZEITEN Der Park ist tagsüber frei zugänglich.
TIPP Im Seehof, wie das altehrwürdige Gebäude des Instituts heisst, kann man auf Anfrage diverse Räume für Events mieten.
www.kuesnacht.ch

ADRESSE Freiraum, Obere Dorfstrasse 33, 8700 Küsnacht
ÖV Ab Bahnhof Küsnacht wenige Schritte zum Dorfkern.
ÖFFNUNGSZEITEN Dienstag bis Freitag 9–12 Uhr und 13.30–17 Uhr.
TIPP Auf Anfrage kann man sich sein Wunschprodukt auch individuell fertigen lassen.
www.freihof-kuesnacht.ch

Freihof, Küsnacht
Handarbeit für jeden Anlass

034

Wer auf der Suche nach einem originellen Mitbringsel, einem Kunden- oder einem Gastgeschenk ist, wird an der Oberen Dorfstrasse 33/Ecke Werkstrasse im Herzen von Küsnacht fündig. Im kleinen Verkaufsgeschäft Freiraum gibt es hübsche Accessoires wie Schlüsselbänder aus Leder, witzige hölzerne Geschenkanhänger, schlichte Fotohalter, elegante Seifenschalen oder kleine Blumenskulpturen aus Holz und Draht. Kurz gesagt: Viel Edles, Dekoratives und Praktisches für drinnen und draussen. Gefertigt werden die Produkte im Freihof in Küsnacht, einer stationären sozialtherapeutischen Einrichtung, die sich an Menschen mit psychischen Erkrankungen und Suchtmittelabhängigkeit richtet. Die Produkte entstehen mit viel Sorgfalt und Geduld, meist aus Holz. Ebenso viel Wert wird auf die Präsentation des Sortiments im hellen, gemütlichen Show- und Verkaufsraum gelegt. Jedenfalls macht es Spass, im Freiraum zu stöbern und jemandem mit einem kleinen Geschenk eine Freude zu machen – oder sich selbst etwas zu gönnen.

Seebadi Zollikon
100-jähriges Holzbad mit viel Charme

035

Um die Wende vom 19. zum 20. Jahrhundert wurden in Europa sowie auch in der Schweiz viele neue Badeanlagen aus Holz gebaut. Sie dienten einerseits als Anstalten für die Körperhygiene, andererseits wurden sie bereits damals zur Körperertüchtigung genutzt. Eine der schönsten ist die Zolliker Badi, die 2022 ihren 100-jährigen Geburtstag feiern konnte. Wie damals üblich, wurde das historische Bad für die Geschlechtertrennung in zwei Hälften aufgeteilt. Erst 1969 wurde die Trennung aufgehoben zugunsten einer Ruhe- und einer Badespasszone. Geblieben sind die Holzplankendecks, die Garderoben, die im Sommer den typischen Geruch von sonnenerwärmtem Holz ausströmen, sowie die Galerien vor den Garderoben, die heute teilweise für den Gastrobetrieb genutzt werden. Und natürlich die beiden Flosse, die die Kleinen für ihre ersten *Köpfler* nutzen. Vom 1-Meter- und 3-Meter-Sprungbrett versuchen früher wie heute Teenager mit waghalsigen Sprüngen junge Frauen zu beeindrucken. Und in der Ruhezone lassen sich Sonnenanbeterinnen und -anbeter schön braun brutzeln. Kurz: Es hat sich alles in allem in den letzten 50 Jahren kaum etwas geändert – Grund genug, immer mal wieder hierherzukommen.

ADRESSE Seebadi Zollikon, Seestrasse 70, 8702 Zollikon
ÖV Mit dem Zug bis Bahnhof Zollikon.

ÖFFNUNGSZEITEN Montag von 12–21.30 Uhr, Dienstag bis Freitag von 9.30–21.30 Uhr, Samstag und Sonntag von 9–21.30 Uhr während der Hauptsaison Juni bis August. Im Winter geschlossen.

TIPP Das Seebad ist geöffnet, wenn die Fahne aufgezogen ist.
www.badizollikon.ch

Villa Meier-Severini, Zollikon
Eisenplastiken inmitten einer Parklandschaft

036

100 Jahre ist es her, seit sich der Bauunternehmer Heinrich Hatt-Haller eine wunderschöne klassizistische Villa in einem riesigen Park gleich beim Dufourplatz in Zollikon bauen liess. Nachdem die Villa mit dem herrlichen Blick auf den See und die Stadt Zürich verschiedene Bewohnerinnen und Bewohner beherbergte, kaufte die Gemeinde Zollikon das Anwesen – für gerade mal 361 500 Franken. Neben oder anstelle der Villa sollte ein Mehrzweckgebäude entstehen, allerdings ist es zum Glück nie dazu gekommen. Die Villa wurde als Dreifamilienhaus genutzt, bis sie die Stiftung Dr. Hans König 1997 übernommen hat. König war Ingenieur und ein begeisterter Sammler von Eisenplastiken. Werke von namhaften Künstlern wie Bernhard Luginbühl oder Jean Tinguely sind heute noch im Park ausgestellt und können besichtigt werden. So zum Beispiel der über drei Meter hohe, rote «Danielstengel», den Luginbühl 1969 geschaffen hat und der gleich neben einem kleinen Brunnenteich und einem Pavillon nicht zu übersehen ist. Wie auch die zahlreichen anderen Eisenplastiken bildet Luginbühls Werk einen spannenden Kontrast zur Natur im gepflegten Park mit seinem schönen, alten Baumbestand.

ADRESSE Villa Meier-Severini, Zollikerstrasse 86, 8702 Zollikon
ÖV Mit dem Bus ab Bellevue bis zum Dufourplatz in Zollikon.
ÖFFNUNGSZEITEN Der Park ist tagsüber frei zugänglich.
TIPP In der Villa finden nicht nur Ausstellungen, Lesungen oder Konzerte statt, ab 2025 kann das Anwesen auch wieder für Ziviltrauungen gemietet werden.
www.zollikon.ch

STADT ZÜRICH

Neuer Botanischer Garten, Zürich
Kurztrip in die Tropen

037

Wer möchte in den Wintermonaten nicht ab und zu der Kälte entfliehen? Kein Problem! Im Botanischen Garten im Zürcher Seefeld gibt es drei Schauhäuser mit tropischen Pflanzen. Den Mantel kann man getrost im Eingangsbereich deponieren, denn da drin ist es heiss und schwül – eben wie in den Tropen. Die Luftfeuchtigkeit beträgt um die 90 Prozent und die Temperatur ist das ganze Jahr über ca. 26 Grad. Es gibt viel Exotisches zu entdecken, beispielsweise das hierzulande unbekannte Fensterblatt, dessen Früchte in tropischen Ländern wegen seines Geschmacks nach Banane und Ananas sehr geschätzt werden. Auch im Frühling und Sommer lohnt sich ein Besuch, denn unter freiem Himmel gedeihen neben Heilpflanzen auch Nutzpflanzen sowie Teich- und Wasserpflanzen jeweils in eigenen Bereichen. Der Erlebnisgarten, speziell für Kinder konzipiert, lädt dazu ein, spielerisch botanische Themen zu erforschen. Nicht zuletzt ist der Botanische Garten perfekt, um es sich auf einer der vielen Bänke, teils unter riesigen, alten Bäumen, gemütlich zu machen.

ADRESSE Botanischer Garten der Universität Zürich, Zollikerstrasse 107, 8008 Zürich

ÖV Mit der Tramlinie Nr. 2, 4, oder 11 bis Hegibachplatz, dann ein kurzer Spaziergang zum oberen Eingangstor.

ÖFFNUNGSZEITEN März bis September: Montag bis Freitag 7–19 Uhr, Samstag und Sonntag 8–18 Uhr; Oktober bis Februar: Montag bis Freitag 8–18 Uhr, Samstag und Sonntag 8–17 Uhr.

TIPP An warmen Tagen den Mediterrangarten besuchen – hier taucht man in eine Duftwolke aus ätherischen Ölen ein.

www.bg.uzh.ch

Keramik Mal-Café, Zürich
Kaffeetassen zum Selbermalen

038

«Jeder Mensch ist ein Künstler» ist das Motto des Keramik Mal-Cafés von Sophia am Zürcher Hegibachplatz. Hier kann man seine ganz persönliche Kaffeetasse oder seine Müslischale selber bemalen und brennen lassen. Aus einer grossen Auswahl an Rohlingen, darunter Tassen, Becher, Krüge und Teller, findet jede und jeder sein Lieblingsstück, und das bereits ab 15 Franken. Mit Unterstützung von Sophia wird das Keramikstück nach eigenen Wünschen gestaltet, was etwa zweieinhalb Stunden dauert. Danach kommt der bemalte Rohling in den Ofen, und nach ein paar Tagen kann man das fertige Stück abholen oder sich per Post zuschicken lassen. Es besteht auch die Möglichkeit, mit Freunden kreativ zu werden oder das Café für Events wie *Geburi*partys oder Junggesellinnenabschiede zu buchen. Zudem gibt es spezielle Malkurse für Kinder und Senioren. Gut möglich, dass man nicht nur einmal vorbeikommt, denn die Freude am Keramikmalen ist ansteckend. Also: Rechtzeitig reservieren!

ADRESSE Keramik Mal-Café, Forchstrasse 113, 8032 Zürich
ÖV Ab Bahnhof Stadelhofen mit Tram 11 bis Haltestelle Hegibachplatz.
ÖFFNUNGSZEITEN Mittwoch bis Freitag 13.30–18.30, Samstag 10–16 Uhr.
TIPP Night Painting mit Rotwein und Pinsel findet jeden Mittwochabend von 19–22 Uhr statt, Voranmeldung erforderlich.
www.keramikmal-cafe.ch

Fischergarten, Zürich
Biergartenfeeling mit Seesicht

039

Die Lage der Fischerstube am Zürichhorn direkt am Wasser ist einmalig – kein Restaurant in Zürich hat eine so enge Verbindung zum See. Auch die Geschichte ist besonders: Das Ensemble mit dem Restaurant Fischerstube, der benachbarten Fischerhütte und dem Gartenbuffet am Zürichhorn war einst eines der Wahrzeichen der Landesausstellung 1939 und wurde ins Inventar der schützenswerten Bauten aufgenommen. 1956 brannte die Fischerstube nieder und musste neu aufgebaut werden. 2020 wurde ein erneuter Umbau nötig, weil die Trägerroste und Pfähle, auf denen die Fischerstube sowie die benachbarte Fischerhütte stehen, nicht mehr repariert werden konnten. Inzwischen erstrahlt das Ensemble in neuem Glanz, inklusive des ehemaligen Gartenrestaurants, das jetzt Fischergarten heisst. Hier geniesst man leckere Gerichte vom Selbstbedienungsbuffet – wie Sandwiches, Hamburger, Bretzel, *Fischchnusperli* und Pommes frites – im Schatten der Platanen direkt am Seeufer. Biergartenstimmung auf Zürcher Art. Und natürlich dürfen auch Gelati und hausgemachte Desserts nicht fehlen. Geöffnet ist der Fischergarten bis «Ende der Gemütlichkeit».

ADRESSE Fischerstube Zürihorn, Bellerivestrasse 160, 8008 Zürich

ÖV Ab Bahnhof Tiefenbrunnen dem See entlang zum Fischerdorf.

ÖFFNUNGSZEITEN März bis Ende Oktober bei trockener Witterung ab 11.30 Uhr.

TIPP Besonders reizvoll ist die Anreise mit dem Schiff bis zur Station Zürihorn. Wer mit dem eigenen Boot kommt, darf für kurze Zeit am Fischersteg anlegen.

www.fischerstube-zuerich.ch

Kunsthaus-Shop, Zürich
Shopping für Kunstfreunde

040

Die puristische Architektur des Erweiterungsbaus des Kunsthauses, entworfen von Architekt David Chipperfield, sorgte in Zürich für Gesprächsstoff. Manche sprachen von einem «Monument der Abschottung», während der Bau im Ausland gelobt wurde. 2023 erhielt Chipperfield sogar den mit 100 000 Dollar dotierten Pritzker-Preis, eine Art Nobelpreis für Architektur. Inzwischen gehört der Bau ganz selbstverständlich zum Stadtbild beim Pfauen – dem Platz, der eigentlich Heimplatz heisst. Bei schönem Wetter geniesst man vor der Cafeteria das bunte Treiben, und gleich nebenan befindet sich der Shop. Auf rund 120 Quadratmetern gibt es Designobjekte, Modeaccessoires, Bücher, Kataloge und mehr. Zum Beispiel die Naturseife *Au Jardin* von Soeder oder die Tasche *Qwstion*, eine zeitlose Alltagstasche, inspiriert von David Chipperfield Architects und hergestellt in Zürich aus 100 Prozent biologisch abbaubarem und wasserfestem Bananatex. Kurz: Hier findet man garantiert nicht nur ein schönes, sondern auch ein einzigartiges Geschenk.

ADRESSE Museumsshop Kunsthaus Zürich, Heimplatz, 8001 Zürich

ÖV Ab Bahnhof Stadelhofen wenige Minuten zu Fuss oder mit dem Tram zum Pfauen.

ÖFFNUNGSZEITEN Dienstag bis Sonntag 10–18.15 Uhr, Donnerstag bis 20.15 Uhr.

TIPP Im Kunsthaus können Kinder ihren Geburtstag auf kreative Art und Weise feiern.

shop.kunsthaus.ch

Rechberg Park, Zürich
Schönster Barockgarten der Stadt

041

Wer an der Uni Zürich studiert, kennt natürlich den Rechberg Park zwischen den Universitätsgebäuden und dem Kunsthaus. Er ist die schönste und schnellste Verbindung zu Fuss in die Stadt hinunter. Für Passantinnen und Passanten hingegen liegt dieser wunderbare Barockpark etwas versteckt, denn von der Strasse aus kann man ihn nicht sehen. Der Eingang zum Park befindet sich nur wenige Schritte von der Haltestelle Neumarkt entfernt. Die prächtige Gartenanlage, die 1790 entworfen wurde, erstreckt sich über verschiedene Terrassen, und natürlich fehlen auch geschwungene Treppenaufgänge, Brunnen und eine erweiterte Orangerie nicht. Der Park wurde immer wieder umgestaltet, der Charme jedoch ist geblieben. Und ein Besuch lohnt sich zu jeder Jahreszeit, denn die Bepflanzung wechselt je nach Saison. Besonders schön ist es hier auch bei Sonnenuntergang. Man kann diesen ganz einfach verlängern, indem man immer wieder eine Terrasse höher hinaufsteigt, bis man schliesslich beim Unigebäude anlangt.

ADRESSE Rechberg Park, Künstlergasse, 8001 Zürich

ÖV Ab HB mit dem Tram bis zur Haltestelle Neumarkt.

ÖFFNUNGSZEITEN Täglich 6–21 Uhr.

TIPP Die Undine des berühmten Sprayers Harald Nägeli befindet sich an der Nordseite des Gebäudes an der Schönberggasse 9 gleich oberhalb des Rechberg Parks. Nicht verpassen!

ADRESSE Polyterrasse, Rämistrasse 101, 8092 Zürich

ÖV Ab Zürich HB zu Fuss über die Limmat zum Central, Standseilbahn zur Polyterrasse ETH.

ÖFFNUNGSZEITEN Täglich, rund um die Uhr.

TIPP In der ETH werden auch Führungen durch das Gebäude angeboten.

www.ethz.ch

Polyterrasse, Zürich
Bester Aussichtspunkt in 100 Sekunden

042

Gerade mal 100 Sekunden dauert die Fahrt mit der historischen Polybahn – manche nennen sie auch Studentenexpress – ab Central, bis man die ETH, früher Polytechnikum, erreicht. Die Hochschule ist dank der Polyterrasse auch für Nichtstudierende sowie Touristen aus aller Welt attraktiv. Kein Wunder, denn es gibt in und um Zürich wohl kaum einen schöneren Aussichtspunkt. Von hier hat man eine beeindruckende Sicht auf die Altstadt Zürichs, den Uetliberg, die Albiskette und bei klarem Wetter bis in die Glarner Alpen. Die Terrasse wurde erstellt, als zwischen 1915 und 1924 das Hauptgebäude der ETH erweitert und neu gestaltet wurde. Früher wie heute lässt man sich dort auch gern für ein gemütliches Picknick in der separaten Ruhezone mit Bänken und Sonnenschirmen nieder. Oder man holt sich in der Mensa direkt unter der Terrasse, wo auch Gäste willkommen sind, ein feines, günstiges Essen. Auf der grossen Freifläche vor dem ETH-Gebäude finden auch immer mal wieder Events, wie zum Beispiel Ausstellungen, statt. Einige Zeit lang gab es auch ein Eisfeld. Wer weiss, vielleicht wird das auch wieder einmal betrieben?

Äss-Bar, Zürich
Frische Backwaren von gestern

043

Die Äss-Bar im Zürcher Niederdorf ist der perfekte Ort für alle, die Genuss mit Umweltschutz verbinden möchten. Das Unternehmen mit Sitz in Zürich existiert seit 2013 und hat es sich zur Aufgabe gemacht, Backwaren vom Vortag in umliegenden Bäckereien abzuholen und stark reduziert unter die Leute zu bringen. Zu kaufen gibt es neben Brot und Gipfeli auch Sandwiches – und das zu sehr moderaten Preisen. Die Geschäftsidee funktioniert: Studenten und Schüler, *Büezer* und Touristen kaufen hier ihren *Zmorge* oder *Zmittag* und tun damit nicht nur sich, sondern auch der Umwelt etwas Gutes, indem sie Food Waste bekämpfen. Das Konzept kommt so gut an, dass es inzwischen mehrere Standorte in der ganzen Schweiz gibt. Auf alle Betriebe schweizweit gerechnet rettet Äss-Bar pro Jahr rund 800 Tonnen Lebensmittel. Das entspricht der Ladung von über 100 Lastwagen. Ein Besuch in der Äss-Bar ist also die perfekte Gelegenheit, nachhaltig zu konsumieren und gleichzeitig etwas Feines gegen den Hunger zu erstehen.

ADRESSE Äss-Bar Niederdorf, Stüssihofstatt 6, 8001 Zürich
ÖV Ab HB kleiner Spaziergang über die Rudolf-Brun-Brücke bis zum Stüssihof.
ÖFFNUNGSZEITEN Montag bis Samstag 9–18.30 Uhr.
TIPP Die Äss-Bar bietet auch individuell gestaltete Workshops zum Thema Food Waste an.
www.aess-bar.ch

ADRESSE Zentralbibliothek, Zähringerplatz 6, 8001 Zürich
ÖV Ab HB ein kleiner Spaziergang der Limmat entlang Richtung Niederdorf.
ÖFFNUNGSZEITEN Montag bis Freitag, 8–20 Uhr, Samstag und Sonntag 9–17 Uhr.
TIPP Die ZB organisiert auch immer wieder Konzerte, Führungen, Lesungen und andere öffentliche Veranstaltungen.
www.zb.uzh.ch

Leselounge Zentralbibliothek, Zürich
Stundenlang in Zeitschriften schmökern

044

Mit über sieben Millionen Medien wie Büchern, Zeitschriftenbänden, Karten oder Notendrucken und mehr als einer halben Million Besucherinnen und Besuchern pro Jahr zählt die Zentralbibliothek am Zürcher Zähringerplatz mitten in der Altstadt zu den grössten Bibliotheken der Schweiz. Neben Arbeitsplätzen, Gruppenräumen und Gesprächsboxen gibt es hier auch eine gemütliche Leselounge im Parterre, die während der Öffnungszeiten für alle zugänglich ist. Auf bequemen Sofas und Sesseln unter einer riesigen Hängeleuchte kann man nach Lust und Laune in nationalen und internationalen Zeitungen sowie zahlreichen Magazinen und Zeitschriften zu den Themen Freizeit, Kultur, Natur und Wissenschaft schmökern. Die Leselounge ist auch ein idealer Rückzugsort, um eine kleine Auszeit aus der Hektik der Stadt zu nehmen. Wer sich für Zürich interessiert, findet in der Präsenzbibliothek Turicensia Lounge zudem Sachbücher zu Zürcher Themen, Belletristik von Zürcher Autorinnen und Autoren sowie Zeitschriften und Lokalzeitungen.

Bodega Española, Zürich
Spanische Ess- und Trinkkultur seit 150 Jahren

045

Die älteste spanische Weinhandlung mit Restaurant in Zürich, die Bodega Española, ist bereits seit 150 Jahren ein beliebter Treffpunkt für Liebhaberinnen und Liebhaber der spanischen Trink- und Esskultur. Früher wie heute sitzen Stammgäste an den langen Holztischen und plaudern bei spanischem Wein aus dem reich bestückten alten Weinkeller. Und dazu gehören selbstverständlich leckere Tapas aus der grossen Auswahl am Buffet, wie zum Beispiel *Garbanzos con Atún, Croquetas de Jamón, Ensalada de Alcachofas*, um nur ein paar wenige zu nennen. Im ersten Stock befindet sich die *Sala Morisca*, deren Interieur seit Eröffnung unverändert geblieben ist. Im historischen Ambiente werden iberisch-mediterrane Köstlichkeiten auf weiss gedeckten Tischen serviert. Darunter natürlich Klassiker wie Tortilla und Paella, aber auch weniger bekannte Gerichte wie *Lomo de Vaca Gallega* (Hohrücken der galizischen Kuh) oder *Zarzuela*, eine Art Fischeintopf. Was aber nach einer Mahlzeit in der Bodega niemals fehlen darf, ist die Crema Catalana, die zu Recht den Ruf geniesst, die beste der Stadt Zürich zu sein.

ADRESSE Bodega Española, Münstergasse 15, 8001 Zürich

ÖV Ab HB ein kurzer Spaziergang der Limmat entlang oder durchs Niederdorf.

ÖFFNUNGSZEITEN Dienstag bis Sonntag 12–14 Uhr und 18–24 Uhr. Tapas-Bar: Montag bis Sonntag durchgehend 10.30–24 Uhr.

TIPP Der Weinkeller Antigua ist ein stimmungsvoller Gewölbekeller aus dem 12. Jahrhundert, der für Veranstaltungen gemietet werden kann.

www.bodega-espanola.ch

ADRESSE Pizza Nation, Rosengasse 3, 8001 Zürich

ÖV Ab HB kleiner Spaziergang am Limmatquai entlang.

ÖFFNUNGSZEITEN Montag bis Samstag 11.30–15 Uhr und 17.30–20.30 Uhr.

TIPP Wer keine Lust hat, anzustehen, kann seine Pizza auch per Mail bestellen und wird benachrichtigt, wenn sie parat ist zum Abholen.

www.pizzanation.ch

Pizza Nation, Zürich

Pizza – klassisch und auch mal ganz speziell

046

Es gibt wohl kaum jemanden, der Pizza nicht mag. Dabei muss aber alles stimmen. Eine ganz wichtige Rolle spielt der Teig, der richtig knusprig sein sollte. Das ist man sich im kleinen, feinen Pizza-Take-away Pizza Nation zwischen Limmatquai und Hirschenplatz bewusst, und so prangt über dem Eingang die Aufschrift «In Crust We Trust». Neben den Klassikern wie Pizza Margherita, Prosciutto oder Marinara sowie Pizzas für Vegis und Veganer gibt es hier auch mal ausgefallenere Varianten, wie die Pizza auf bayerische Art mit Weisswurst und Senf oder Mexican Style mit Tortilla-Chips, Guacamole und Sour Cream. Die Pizzas sind wie in Italien schon lange üblich auch in Stücken erhältlich, wobei diese recht grosszügig bemessen und bereits ab 8,50 Franken zu haben sind. Wem das zu wenig ist, wählt eine Pizza mit 30, 40 oder sogar 50 Zentimetern Durchmesser – Letztere reicht gut auch für mehrere hungrige Mäuler. Ein weiteres Plus: Ausgesprochen freundliches Personal, wie man es längst nicht überall in Zürich antrifft.

IGNIV Bar, Zürich
Drinks und Food auf Sterne-Niveau

047

Die IGNIV-Restaurants des Spitzenkochs Andreas Caminada sind weitherum bekannt für vorzügliches Essen, das in lockerem Rahmen zum Teilen in der Tischmitte serviert wird. Nach Bad Ragaz, Zürich, St. Moritz und Bangkok plant der 46-Jährige ein weiteres Restaurant in Andermatt. In Zürich gibt es neben dem Restaurant auch die IGNIV Bar, wo Sarah Madritsch, «Barkeeper of the Year 2022», die Chefin hinter dem langen Tresen ist. Die gebürtige Thailänderin mit Schweizer Wurzeln mixt aussergewöhnliche Drinks wie den leichten Shiso Mizuwari mit *Shiso-Shochu*, Jasmin-Likör, Kirschblüten-Wermut, aufgefüllt mit Kirschblüten-Tonic und einem Schluck Rosenwasser. Ganz im Sinne des Sharing-Konzepts von IGNIV lassen sich auch die Cocktails teilen, indem sie in einer Karaffe serviert werden. Unbedingt probieren sollte man die von Küchenchef Daniel Zeindlhofer zubereiteten Gerichte, wie butterzarte Chicken-Nuggets mit hausgemachter Barbecue-Sauce, Pommes frites mit Trüffelmayo oder die mit Schweinebauch gefüllten Buns. Übrigens: *Igniv* ist rätoromanisch und bedeutet Nest. Es steht für Wohlfühlmomente mit Familie und Freunden.

ADRESSE IGNIV Zürich, Marktgasse 16, 8001 Zürich

ÖV Kurzer Spaziergang ab Zürich HB über den Hirschengraben zur Marktgasse.

ÖFFNUNGSZEITEN Dienstag bis Donnerstag 17–24 Uhr, Freitag und Samstag 17–1.30 Uhr.

TIPP Unbedingt den Maison Martini probieren, ein Twist des Dirty Martini. Der Gin wird mit Oliven und Pfeffer aromatisiert, dazu kommt Fino Sherry und trockener Wermut. Eiskalt serviert – ein echter Genuss!

www.marktgassehotel.ch

ADRESSE Café Miyuko, Bärengasse 20, 8001 Zürich

ÖV AB HB mit dem Tram bis zum Paradeplatz.

ÖFFNUNGSZEITEN Café Mittwoch bis Freitag 9–18 Uhr, Samstag und Sonntag 10–18 Uhr.

TIPP Tortenbestellungen sind nur online möglich.

www.miyuko.ch

Miyuko, Zürich
Mekka für Tortenfans

Das Auge isst mit – und bei Miyuko, dem Label von Sara Hochuli, gilt das ganz besonders. Die Zürcherin kreiert in ihrer Backstube in Rümlang massgefertigte Tortenkunstwerke, sowohl für Kundinnen und Kunden als auch für ihr Café, das sie zusammen mit Dominik Grenzler gleich hinter dem Paradeplatz betreibt. Ihre Torten sind bunte Kreationen, kunstvoll verziert mit Figürchen im Mangastil. Die gelernte Grafikerin hat ihr Hobby zum Beruf gemacht und war damit so erfolgreich, dass ihre Torten bald über die Stadtgrenzen hinaus bekannt wurden. So bekannt, dass sie sogar die Rolling Stones bei ihrem legendären Konzert 2014 mit Torten belieferte. Der Erfolg? Die Band war begeistert und bestellte am nächsten Tag eine vegane Schokoladen-Geburtstagstorte für Gitarrist Ron Wood. Sara Hochuli legt grossen Wert auf nachhaltige und gesunde Zutaten – vieles in Bio- oder Demeter-Qualität und auf Wunsch auch vegan. Wichtig: Im Café kann man keine ganzen Kuchen, sondern nur Stücke geniessen.

048

SBB-Oase, Zürich
Nächster Halt: Feines Essen

049 Zürich gehört zu den teuersten Städten der Welt, und so muss man halt auch tief ins Portemonnaie greifen, wenn man gut essen und trinken will. Es sei denn, man kennt einige Adressen, wo man günstig einkehren kann. Eine davon ist die Kantine für SBB-Mitarbeitende, die SBB-Oase oder «Chez SBB», wie das Selbstbedienungsrestaurant auch genannt wird. Es befindet sich im Nordtrakt des Hauptbahnhofs im dritten Stock und ist auch für die Öffentlichkeit zugänglich. Hier kann man gemütlich *zmörgele*, ein gutes Mittagessen geniessen oder sich abends für den Ausgang stärken – und das zu sehr fairen Preisen. Das Kalbsragout mit Pappardelle und Rosenkohl und Suppe gibt es für weniger als 15 Franken. Natürlich sind auch Vegis willkommen, beispielsweise mit einem Gemüse-Linsencurry mit Jasmin-Kokosreis, ebenfalls unter 15 Franken. Sehr empfehlenswert ist das reichhaltige, saisonale Salatbuffet. Nicht zuletzt punktet die SBB-Oase auch mit einem gelungenen Interieur, einem angenehmen, gepflegten Ambiente und Mahlzeiten von früh bis spät.

ADRESSE SBB Restaurant Oase, Museumstrasse 1, 3. Stock, 8001 Zürich

ÖV Das Restaurant befindet sich im Nordtrakt des Hauptbahnhofs.

ÖFFNUNGSZEITEN Täglich von 6 bis 22 Uhr.

TIPP Auch kleine Kinder sind hier willkommen, für sie stehen extra Hochstühle bereit.

www.zfv.ch

ADRESSE Charlatan RestoDisco, Lagerstrasse 119, 8004 Zürich

ÖV Vom Hauptbahnhof über die Europaallee und Lagerstrasse rund 10-minütiger Spaziergang.

ÖFFNUNGSZEITEN Mittwoch bis Freitag ab 18 Uhr, Samstag ab 14 Uhr.

TIPP Die Weinkarte ist reich bestückt und dürfte selbst Kennerinnen und Kenner begeistern.

www.restodisco.ch

RestoDisco Charlatan, Zürich
Kulinarik, Klang und kunterbuntes Interieur

050

Einst war an der Lagerstrasse ein Alters- und Pflegeheim, seit Sommer 2022 wird hier in einem grossen Raum mit lachsfarbenen Wänden und dunklem Steinboden gegessen, getrunken und gefeiert. In der RestoDisco Charlatan vereinen sich Bar, Restaurant und Disco auf derselben Fläche. In der ehemaligen Cafeteria des Altersheims befindet sich das Restaurant, wo Gäste mit *Hacktätschli*, Gemüselasagne oder Zander an Curry-Sauce verwöhnt werden. Vorne bei der Bar gibt es eine Tanzfläche. Besonders spannend ist das Interieur: Es ist ein buntes Sammelsurium an Trouvaillen aus Kellern von Freundinnen und Freunden der Betreiber. Was improvisiert wirkt, versprüht dennoch viel Charme. Nicht zu übersehen ist die grosse Discokugel mitten im Raum. Freitags und samstags legen hier ab 22 Uhr wechselnde DJs auf und heizen dem Publikum ordentlich ein. Auch in Sachen Musik setzt man – wie beim Mobiliar – nicht auf einen einheitlichen Stil. Abwechselnd gibt es Funk, Pop, Hip-Hop oder Sound aus den 80ern.

Atelier Sirup, Zürich
Wie Kunstharz zu Schmuck wird

051

Nicht zufällig heisst der Atelierladen von Patricia Gottet mitten in der Stadt Zürich Sirup: Der Name ist eine Anspielung auf das Material, mit dem die Designerin Armreife, Colliers und vor allem Ringe kreiert. Kunstharz ist zähflüssig als Sirup, lässt sich einfach in Formen giessen und eignet sich perfekt, um Gegenstände aller Art einzubetten. Es ist also ein idealer Rohstoff für Schmuck, da es sich formen und färben lässt, und nach dem Aushärten ist es robust und alltagstauglich. Wichtig bei der Herstellung ist, dass die beiden Komponenten, Härter und Harz, im richtigen Verhältnis zueinander gemischt sind, um fest zu werden. Danach kommt Farbe dazu und die Masse wird in eine selbstgefertigte Silikonform gefüllt – je nachdem ergänzt durch Holzstücke oder andere Materialien. Kunstharz lässt sich mit unzähligen Dingen kombinieren, weshalb die Schmuckdesignerin gern mit Stoffen, Briefmarken, Wollfäden, Samen, Pfirsichsteinen und vielem mehr experimentiert. In einem letzten Arbeitsschritt wird das Schmuckstück nach dem Aushärten aus der Form genommen und geschliffen. Kurz: Vorbeischauen lohnt sich!

ADRESSE Atelier Sirup, Schreinerstrasse 43, 8004 Zürich

ÖV Vom Hauptbahnhof mit dem Bus Nr. 31 zur Bäckeranlage.

ÖFFNUNGSZEITEN Donnerstag und Freitag 12–18.30 Uhr, Samstag 11–16 Uhr oder nach Vereinbarung.

TIPP Im Online-Shop gibt es eine Auswahl aus der Kollektion. Das gewünschte Schmuckstück wird dann innert ein bis zwei Wochen in der passenden Grösse hergestellt.

www.atelier-sirup.ch

Raddampfer Zürichsee
Nostalgisch auf dem See unterwegs

052

Auf acht Schweizer Seen sind Raddampfer fahrplanmässig unterwegs, so auch auf dem Zürichsee. Bereits im Juli 1835 begann die «Minerva», das erste eiserne Dampfschiff Europas, ihre Fahrten auf dem See. Die Begeisterung der Bevölkerung war gross, und so liefen bald die «Stadt Zürich» (1909) und die «Stadt Rapperswil» (1914) vom Stapel. Im Laufe der Zeit mussten die wunderschönen Schiffe immer wieder in der Werft in Wollishofen saniert und repariert werden und fielen dann auch über längere Zeit aus. So beispielsweise, nachdem die «Stadt Rapperswil» bei heftigem Wind 2015 vor Pfäffikon aufgelaufen war. Das havarierte Dampfschiff wurde von der «Panta Rhei», dem neuesten Schiff der ZSG, zurück in die Werft abgeschleppt. Im Jahr 2024 sind nun wieder beide Dampfer der ZSG einsatzbereit. Also unbedingt mal wieder mitfahren und im Belle Époque-Salon die Fahrt geniessen. Und wie unterscheiden Insider die beiden Schiffe, mal abgesehen vom Namen? Die «Stadt Rapperswil» hat am Flaggenmast eine Querstange, die der «Stadt Zürich» fehlt.

ADRESSE ZSG Zürichsee Schifffahrtsgesellschaft, Mythenquai 333, 8038 Zürich

ÖV Die Schiffstationen liegen in der Regel nicht weit von den Bahnhöfen entfernt.

ÖFFNUNGSZEITEN Fahrplaninfos auf der Webseite der ZSG.

TIPP Die Dampfschiffe können, wie alle Schiffe der Flotte der ZSG, gemietet werden.

www.zsg.ch

LINKES UFER

C. F. Meyer-Haus, Kilchberg
Leben und Werk des berühmten Dichters

053

Der Schuss von der Kanzel gehörte zumindest früher zur obligaten Schullektüre für alle Kinder rund um den Zürichsee – nicht weiter erstaunlich, denn der Autor dieser humoristischen Novelle war Conrad Ferdinand Meyer (1825–1898). Der Dichter lebte über 20 Jahre lang in einem stattlichen Haus auf einer *Krete* oberhalb von Kilchberg. Viele seiner Novellen und Gedichte sind hier vor Ort entstanden. Einen Einblick in sein Leben und Werk bietet das Museum in seinem ehemaligen Wohnhaus. Es umfasst einerseits sein Arbeitszimmer samt Originalmobiliar und Bibliothek. Im biographischen Teil steht anderseits das familiäre Umfeld im Mittelpunkt. Eine Werkschau präsentiert sein episches und lyrisches Schaffen, veranschaulicht aber auch die Dichterpersönlichkeit: auf Fotos, im Portrait, als Briefschreiber, mit Originalgegenständen aus seinem Lebensalltag – und zuletzt durch seine Totenmaske. Auch die wichtigsten Stationen der berühmten Familie Mann, die von der Ansiedlung des Dichters 1954 bis zum Tod seines Sohnes Golo 1994 reichten, werden anhand von Fotografien, Originalportraits und ausgewählten Schriftstücken sowie Erinnerungsgegenständen nachgezeichnet.

ADRESSE C. F. Meyer-Haus, Alte Landstrasse 170, 8802 Kilchberg

ÖV Bus 161 ab Zürich-Bürkliplatz bis Haltestelle Auf Brunnen.

ÖFFNUNGSZEITEN
Dienstag 14–16 Uhr, Samstag und Sonntag 14–17 Uhr.

TIPP Im Kulturkafi auf der Veranda der Villa mit Blick auf den herrlichen Park kann man sich wunderbar verköstigen.

www.kilchberg.ch

ADRESSE Friedhof Kilchberg, Dorfstrasse 115, 8802 Kilchberg

ÖV Ab Bahnhof Kilchberg mit dem Bus 161 zum Friedhof.

ÖFFNUNGSZEITEN April bis September 7–20 Uhr, Oktober bis März 8 Uhr bis Sonnenuntergang.

TIPP Wer sich für den deutschen Schriftsteller interessiert, sollte auch das Thomas-Mann-Archiv in der ETH Zürich besuchen.
www.tma.ethz.ch

Grab von Thomas Mann, Kilchberg
Die letzte Ruhe für einen grossen Schriftsteller

Friedhöfe sind Orte der Trauer, des Abschieds und der Erinnerung. Sie sind aber auch Orte der Ruhe, der Schönheit und der Kultur. Und immer dann besonders interessant, wenn eine berühmte Persönlichkeit da begraben ist. So zum Beispiel der Friedhof Kilchberg auf einem Moränenhügel unmittelbar neben der evangelisch-reformierten Kirche, die auch dem Ort seinen Namen gab. Hier befindet sich das Grab von Thomas Mann (1875–1955), einer der prägenden literarischen Stimmen Deutschlands im frühen 20. Jahrhundert. Seine Werke *Der Tod in Venedig* sowie *Die Buddenbrooks* gehören zu den grossen Klassikern der deutschen Literatur. Ebenso sein Monumentalwerk *Der Zauberberg*. Es spielt in einem Sanatorium in Davos – und das nicht ohne Grund: Thomas Manns Frau Katia kurierte dort eine Tuberkulose aus, was ihn zu seinem Roman inspirierte. Der Erzähler war ein grosser Fan der Schweiz: «Die Schweiz? Aber ich liebe sie!», schrieb er bereits 1923 in sein Notizbuch. Eine seiner Grossmütter war denn auch Schweizerin, und er bereiste schon früh die Schweiz und die Hochzeitsreise mit seiner Frau Katia im Jahr 1905 führte nach Zürich. Ab 1952 lebte er mit seiner Familie in der Schweiz, sein letzter Wohnort war Kilchberg.

054

Taucherli, Adliswil
Schoggiparadies an der Sihl

055

Bean to bar? Übersetzt heisst das «Bohne zu Riegel» und bedeutet, dass von der Kakaobohne bis zur fertigen Tafelschokolade alle Produktionsschritte im Hause des Schokoladenherstellers durchgeführt werden. Genau das passiert in der Manufaktur Taucherli in Adliswil, benannt nach dem kleinen, flinken Wasservogel, der einfach zum Zürichsee dazu gehört. Hier im Sihltal wird aus fair gehandelten Kakaobohnen mit überwiegend biologischen Zutaten so nachhaltig wie möglich Schokolade hergestellt. Nebst klassischen Sorten wie Milch- oder dunkle Schokoladen finden Schleckermäuler auch ausgefallene Sorten wie zum Beispiel «La Donna» mit Himbeeren, getrockneten Rosenblüten und piemontesischen Haselnüssen. Oder die «Chili Bio Crazy Mixes», eine schwarze Schokolade, die mit richtig scharfem Chili aufgepeppt wurde. Raps in der Schoggi? «Warum nicht?», sagte sich Chocolatier Kay Keusen und kreierte eine Schoggi mit gerösteten Rapsamen. Erhältlich sind die feinen Schokoladespezialitäten in der Manufaktur, im Online-Shop und bei ausgesuchten Detailhändlern. Aber Vorsicht: Suchtgefahr!

ADRESSE Taucherli, Fabrikhof 5, 8134 Adliswil

ÖV Mit dem Zug bis Haltestelle Sihlau, dann ca. drei Minuten zu Fuss.

ÖFFNUNGSZEITEN Montag bis Freitag 9–12 Uhr und 13–16 Uhr.

TIPP Das Schoggi-Abo sorgt dafür, dass monatlich eine erlesene Tafel nach Wunsch im Briefkasten liegt.

www.taucherli.com

ADRESSE Luftseilbahn Adliswil-Felsenegg, Zelgstrasse 80, 8134 Adliswil
ÖV Ab Bahnhof Adliswil zehn Minuten zu Fuss zur Talstation.
ÖFFNUNGSZEITEN Siehe Webseite.
TIPP Für Ausflüge und Wanderungen in der Region Albis-Felsenegg-Uetliberg sowie Sihl- und Reppischtal gibt es die günstige Albis-Tageskarte.
www.szu.ch

Felseneggbahn, Adliswil
Am Drahtseil in die Höhe

056

Über die Stadt Zürich, hinüber zum Uetliberg, über den Zürichsee bis zum Säntis, Speer und Glärnisch – die Aussicht von der Felsenegg auf über 800 m ü. M. ist berauschend. Die Art und Weise, wie man da hinaufkommt, hat aber auch seinen Reiz: Mit der einzigen öffentlichen Luftseilbahn im Kanton Zürich, der Felseneggbahn, schwebt man in nur gerade fünf Minuten zur Bergstation hinauf. Oben angekommen gibt es nebst der tollen Aussicht jede Menge Spazier- und Wanderwege, die die Aussichtspunkte Albishorn, Felsenegg und Uetliberg verbinden. So spaziert man auf der *Krete* zur Buchenegg und anschliessend zum Albispass. Wer gern astronomisch wandert, findet im Norden den Planetenweg, der via Pluto, Neptun, Saturn und Erde zur Sonne auf dem Uetliberg führt, wo ein Meter im Gelände einer Million Kilometer im Sonnensystem entspricht. Doch egal, welchen Weg man einschlägt: Es gibt unterwegs verschiedene Einkehrmöglichkeiten, wie das Restaurant Felsenegg, das «Teehüsli» und das «Chnuschper-Hüsli» auf der Buchenegg oder das Panoramarestaurant Albishaus beim Albispass. Nicht verpassen: Den Aussichtsturm Albis-Hochwacht, ein Holzturm mit 152 Stufen bis auf 912 m ü. M.

Wildnispark Zürich, Sihlwald
Urwald in Stadtnähe

057

Gerade mal zwölf Kilometer vom Zürcher Hauptbahnhof entfernt befindet sich der Wildnispark Sihlwald. Der Kontrast zur Stadt könnte kaum grösser sein, denn hier gibt es nicht nur viel Natur, sie wird auch ganz sich selbst überlassen. Schon seit dem Jahr 2000 werden im Buchenwald keine Bäume mehr gefällt. So können Besucherinnen und Besucher auf 1100 Hektar erleben, wie urwaldähnlich einst Europa bewachsen war: Uralte Baumriesen, umgeben von abgestorbenen Hölzern, überwuchert von einem Dickicht aus Farnen und Sträuchern. Diese Wildnis bietet auch vielen Tierarten wie Amphibien, Insekten, Vögeln und Krebsen einen Lebensraum. Eine faszinierende Welt, die man auf verschiedenen Wander-, Velo- oder Reitwegen erkunden kann. Wer es genau wissen will, dem sei das Naturmuseum im Besucherzentrum empfohlen. Filme, Forschungsstationen, Tiere zum Anfassen, Duftspuren – hier erfährt man viel Wissenswertes rund um den Sihlwald und seine Bewohner. Zum Wildnispark Zürich gehört auch der Tierpark Langenberg in Langnau am Albis, der älteste der Schweiz, wo einheimische oder ehemals einheimische Wildtiere wie Elche, Wisenten, Wildkatzen, Wölfe oder Wildschweine in ihrer natürlichen Umgebung leben.

ADRESSE Wildnispark Zürich Sihlwald, Alte Sihltalstrasse 13, 8135 Sihlwald

ÖV Mit dem Zug ab Zürich bis Bahnhof Sihlwald.

ÖFFNUNGSZEITEN Der Wildnispark ist jederzeit zugänglich, das Besucherzentrum ist im Winter geschlossen.

TIPP Der Wildnispark bietet verschiedenen Kurse, Erlebnisse und Führungen an.

www.wildnispark.ch

ADRESSE Schiffstation Rüschlikon, Hafenanlage, 8803 Rüschlikon

ÖV Mit dem Zug bis Bahnhof Rüschlikon, dann kurzer Spaziergang bis zur Schiffstation. Oder noch besser: Mit dem Kursschiff beispielsweise ab Zürich.

ÖFFNUNGSZEITEN Täglich, rund um die Uhr.

TIPP Besonders reizvoll ist die Anlage, wenn die Rosen rund um das Schiffshäuschen ab Ende Mai blühen.

Schiffstationshaus, Rüschlikon
Hier wartet jeder gern aufs Schiff

058

Egal ob man mit dem Schiff, den öffentlichen Verkehrsmitteln, zu Fuss oder mit dem Auto unterwegs ist – ein Zwischenhalt am Rüschliker Hafen lohnt sich auf jeden Fall. Hier steht nämlich seit 2016 ein Wartehäuschen der besonderen Art. Es heisst Nymphea und tatsächlich erinnert die organische Form des Dachs an ein Seerosenblatt. Die Architektin Naomi Hajnos liess sich von der Seerose inspirieren, als sie dieses spezielle Gebäude entwarf, in Anlehnung an das Rüschliker Wappen, das eine rote Rose ziert. Die Holzkonstruktion mit ihrem filigranen Stützenraster nimmt das Motiv des Blattskelettes auf, das sich auch fein eingemeisselt auf dem Betonboden wiederfindet. Mit ihrer charakteristischen Form und den umlaufenden Holzbänken erinnert die Baute an das Wartehäuschen am Zürcher Bellevue. Aber nicht nur – Die Holzkonstruktion lehnt sich an den traditionellen Bootsbau an, und tatsächlich strahlt die Farbgebung etwas Maritimes aus. Wen wundert's, dass das Wartehäuschen 2017 beim Preis «Bau des Jahres» von Swiss Architects den zweiten Platz gewann?

Pin City, Thalwil
Dem Flipper-Virus verfallen

059

Flipperkästen sind wahre Zeitmaschinen: Wer spielt, vergisst nicht nur die Zeit, sondern wird auch um Jahre in die Vergangenheit versetzt. In der Pin City, einer rund 300 Quadratmeter grossen, standesgemäss eingerichteten Spielhalle mit Bar, Billard-Tisch und Fumoir im Thalwiler Industriequartier, stehen über hundert solcher Zeitmaschinen. Gesammelt haben die schönen Geräte die Flipper-Enthusiasten Markus Gloor und Herb Bieri. Blitzblank geputzt und in einem Top-Zustand warten die Flipperkasten darauf, bespielt zu werden. Der älteste, «Gottlieb's Marble Queen», ist mechanisch und wurde 1953 hergestellt. Der neueste vollelektronische Kasten mit dem Thema Spider Man stammt aus dem Jahr 2007. Die einmalige Kollektion ist ständig am Wachsen und wird sorgfältig instandgehalten. Alle Flipper sind liebevoll restauriert und voll einsatzfähig. Die Mitglieder des Flipperclubs treffen sich regelmässig in diesem speziellen Lokal zum Spielen, Fachsimpeln, einfach Zusammensein oder auch mal für ein Konzert. Neue Mitglieder sind herzlich willkommen.

ADRESSE Pin City, Bönirainstrasse 11, 8800 Thalwil
ÖV Ab Bahnhof Thalwil mit dem Bus ins Industriequartier Bönirain.
ÖFFNUNGSZEITEN Auf Anfrage.
TIPP Die Location kann auch für private Anlässe gemietet werden.
www.pincity.ch

BuchBox, Thalwil
Treffpunkt für Leseratten

Das Prinzip der BuchBox im Zentrum von Thalwil ist simpel: «Nimm ein Buch, bring ein Buch.» Der offene Bücherschrank wurde 2016 von den Thalwilern Hildegard Löhrer, Berti Ebneter und Claudio Maag initiiert.  Innert 100 Tagen kamen genügend Spenden zusammen, um eine ausgediente Telefonkabine der Swisscom mit Regalen auszustatten und in eine Minibibliothek umzubauen. Bereits bei der Einweihung brachten Menschen Bücher aller Art mit, die in den Bücherregalen platziert wurden. Rund ein Dutzend Freiwillige sorgen seither dafür, dass in der BuchBox Ordnung herrscht. Willkommen sind gut erhaltene Romane und Sachbücher, die in die entsprechend beschrifteten Regale einsortiert werden. Leserinnen und Leser dürfen die Bücher, die ihnen gefallen, mit nach Hause nehmen und je nachdem wieder zurückbringen oder auch behalten und durch andere Bücher ersetzen. Inzwischen ist das Angebot so beliebt, dass sich auch mal eine Schlange bildet, weil man sich doch gern Zeit zum Schmökern nimmt. Aber das ist kein Problem, denn die BuchBox versteht sich auch als Ort der Begegnung. Und so ist es gut möglich, dass man mit anderen Bücherfans ins Gespräch kommt und Lesetipps austauscht.

ADRESSE BuchBox, Gotthardstrasse 32, 8800 Thalwil

ÖV Ab Bahnhof Thalwil sind es nur wenige Schritte zur BuchBox.

ÖFFNUNGSZEITEN Täglich, rund um die Uhr.

TIPP Wer sich für Lesungen interessiert, findet beim Verein Thalwil liest vor aktuelle Informationen.
www.thalwil-liest.ch

ADRESSE Gnusspur, Gotthardstrasse 32, 8800 Thalwil

ÖV Ab Bahnhof Thalwil in wenigen Gehminuten zu erreichen.

ÖFFNUNGSZEITEN Montag bis Freitag 7.15 Uhr–19 Uhr, Samstag 6.30–16 Uhr, Sonntag 8–12 Uhr (nur Bäckerei und Imbissecke).

TIPP Jeden Tag gibt es zwei Menüs über die Gasse, eines davon vegetarisch. Der Menüplan ist auf der Webseite aufgeführt.

www.gnusspur.ch

Gnusspur, Thalwil
Paradies für Feinschmecker

«De Walti» heisst der Apfelkuchen nach einem Geheimrezept des Grossvaters vom KölliBeck in Thalwil, und der sieht nicht nur fein aus, er schmeckt wirklich grossartig. Hier im Delikatessengeschäft Gnusspur gibt es nicht nur schmackhaftes Gebäck und knuspriges Brot, sondern auch hausgemachte Wurstwaren, Speck und *Mostbröckli* aus der eigenen Räucheranlage sowie Dry Aged-Fleisch der Metzgerei Kraus. Keine Lust auf Fleisch? Käseliebhaber werden an der reichbestückten Käsetheke verwöhnt. Und natürlich fehlen auch ausgesuchte Weine sowie Delikatessen nicht – von der Pasta über Olivenöle und Gewürze bis zu Senf in zahlreichen Geschmacksrichtungen. Daneben findet man auch saisonale Produkte wie Wild und *Sauser* im Herbst, Panettone in der Weihnachtszeit oder Osterküchlein im Frühling. Wer von der Auswahl überfordert ist oder individuelle Beratung benötigt, wird gern freundlich und kompetent durch das Verkaufspersonal oder den Chef persönlich unterstützt. Kurz: Hier werden Feinschmeckerinnen und Feinschmecker so richtig glücklich.

061

Kirchturm, Thalwil
Wahrzeichen mit Weitblick

062

Was jedes Thalwiler Schulkind schon erlebt hat, ist jetzt auch für die breite Öffentlichkeit möglich: Ein Besuch des Turms der reformierten Kirche von Thalwil. Bisher konnten bereits Gruppen nach Voranmeldung auf den Turm hinauf. Im Mai 2024 fand dann die erstmalige Turmbesteigung für Einzelpersonen statt. Wer die zahlreichen Stufen erklimmt, wird mit einem atemberaubenden Panoramablick vom Wahrzeichen Thalwils belohnt. Der Kirchturm hat eine spannende Geschichte: So brach im Mai vor über 80 Jahren mitten am Tag ein verheerender Brand aus. Dunkle Rauchschwaden drangen aus dem mit Kupfer bedeckten Kirchturmdach, und bald stand die 35 Meter hohe Turmspitze in Flammen. Brandursache war eine Lötlampe, mit der ein Spengler Reparaturen am Kupferdach vornahm und versehentlich die darunterliegende Holzkonstruktion in Brand setzte. Trotz aller Löschversuche stürzte die Decke ein, Orgel, Kanzel und Mobiliar wurden komplett zerstört. Nach drei Jahren war die Kirche wieder aufgebaut. Einzig für den fehlbaren Spengler gab es kein Happy End – er musste ins Gefängnis.

ADRESSE Kirche, Alte Landstrasse 82, 8800 Thalwil
ÖV Mit dem Zug bis Bahnhof Thalwil, dann mit dem Bus bis Haltestelle Platte.
ÖFFNUNGSZEITEN Siehe Webseite.
TIPP In etwa zehn Gehminuten von der Kirche entfernt befindet sich das Pflanzenlabyrinth – ein wunderschöner öffentlicher Garten, der von einem Team von Gärtnerinnen und einem Gärtner gepflegt wird.
www.kirche-thalwil.ch

Seeanlage Farb, Thalwil
Flaniermeile mit Seesicht

063

Wer in Thalwil lebt, kann sich glücklich schätzen: Über 60 Prozent des Seeufers sind öffentlich zugänglich. Das Herzstück ist die Seeanlage Farb. Hier treffen sich Spaziergänger, *Hündeler* oder auch Fischer, die im Hafen ihren Kollegen stolz ihren Fang präsentieren. Gleich neben der Hafenanlage befindet sich der Spielplatz Farb, der die Kinder vor allem wegen des Piratenschiffs begeistert. Unübersehbar ist das auf Pfosten stehende Blaue Haus, wo schon unzählige Partys gefeiert wurden. Von 2023–2024 wurde es saniert, denn die Seite des Gebäudes, die auf Pfählen steht, sinkt ab. Von hier geht es direkt am Ufer entlang weiter bis zum Parkplatz Zehntenhof. Unterwegs gibt es Liegewiesen zum *Sünnele*, Feuerstellen zum Grillieren und Sitzbänke, um sich auszuruhen und die Seesicht zu geniessen. An vielen Stellen kann man bequem ins Wasser gelangen – ideal für einen erfrischenden Schwumm oder eine Runde auf dem Stand-up-Paddle-Board. Die Seeanlage ist zu jeder Jahreszeit einen Besuch wert, und dank neuer LED-Beleuchtung ist auch ein kleiner Abendspaziergang mit Sicht auf die Lichter der Goldküste ein Erlebnis.

ADRESSE Seeanlage Farb, Seestrasse, 8800 Thalwil
ÖV Mit dem Zug bis Bahnhof Thalwil, dann ca. zehn Minuten zu Fuss seeaufwärts.
ÖFFNUNGSZEITEN Täglich, rund um die Uhr.
TIPP Im Sommer findet das Film Open Air Thalwil vor dem Blauen Haus statt.
www.thalwil.ch

Tankstelle A3 Stop & Go, Horgen
Auftanken für Mensch und Maschine

064

Rund 3400 Tankstellen gibt es in der Schweiz – ein recht dichtes Netz also. Und so kommt es doch eher selten vor, dass man irgendwo mit einem leeren Tank strandet. Viel Zeit verbringt allerdings kaum jemand an der Zapfstelle. Auftanken, Toilette, Sandwich und Coffee to go, allenfalls kurz die Füsse vertreten, und schon ist man wieder unterwegs. Das gilt aber nicht für die Tankstelle bei der A3 Stop & Go oberhalb von Horgen. Hier bekommt man nämlich nebst Benzin, Snacks und Getränken etwas ganz Besonderes geboten: Eine Aussicht, wie man sie von den wenigsten Tankstellen der Schweiz kennt. Ob vom Parkdeck oder aus dem Bistro – an klaren Tagen reicht der Blick von der Alpenkette über Wiesen, Felder, Wälder und Bauernhäuser bis hinunter zum Zürichsee und zum rechten Ufer hinüber. Da kommt man gern vorbei, auch wenn der Tank noch halbvoll ist. Zum Beispiel am frühen Morgen den Sonnenaufgang bei einem cremigen Cappuccino und einem Gipfeli geniessen – das ist ein besonderer Start in den Tag. Schön ist es hier über der Autobahn aber auch in der Nacht, wenn an der Goldküste die Lichter leuchten und der Pfannenstiel nur noch als dunkle Silhouette wahrnehmbar ist.

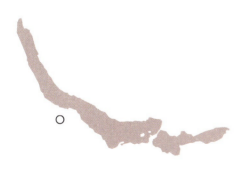

ADRESSE Tankstelle A3 Stop & Go, Zugerstrasse 231, 8810 Horgen

ÖV Ab Bahnhof Horgen mit dem Postauto 155 bis Haltestelle Hüttenstrasse, dann kurzer Fussweg bis zum Ziel.

ÖFFNUNGSZEITEN Zapfsäulen und Ladestation 24 Stunden, Shop 5–23 Uhr, Bistro 5–21.30 Uhr.

TIPP Man kann natürlich auch mit dem Auto kommen: Auf der Autobahn A3 Richtung Zürich oder Chur Ausfahrt 35, Horgen.

ADRESSE Restaurant Chalet India, Oberdorfstrasse 51, 8810 Horgen

ÖV Mit dem Zug bis Bahnhof Horgen.

ÖFFNUNGSZEITEN Montag bis Freitag 11–14 Uhr und 17–23 Uhr, Samstag 17–23 Uhr, Sonntag 17–22.30 Uhr.

TIPP Am Mittag gibt es ein reichhaltiges Buffet à discrétion für nur 23,50 Franken.

www.chaletindia.ch

Chalet India, Horgen
Scharfe Kost trifft Schweizer Tradition

065

Chalets in Horgen? Ja, das gibt es. Um die Wende zum 20. Jahrhundert wurden vorgefertigte Gebäude entwickelt, die in recht kurzer Zeit zu einem günstigen Preis erstellt werden konnten und so als erschwingliches Eigenheim für viele attraktiv waren. Dies nicht nur in den Bergen, sondern auch in der Nähe von Industrie und Gewerbe. Seit Anfang des 20. Jahrhunderts wurden in Horgen rund 50 Chalets gebaut. Etwas früher, nämlich bereits 1898, entstand das Chalet im *Laubsägeli*-Stil unweit des Bahnhofs, in dem seit einigen Jahren feinste indische Spezialitäten bei wunderbarer Seesicht serviert werden. Im Mittelpunkt stehen zwei gasbeheizte traditionelle *Tandoori*-Tonöfen, in denen einige der Gerichte zubereitet werden, wie das beliebte *Murg Tikka Masala*, gebratene Pouletstücke in Tomatensauce. Nebst Poulet-, Fleisch- und Fischküche gibt es auch ein vielseitiges vegetarisches Angebot. Allen Gerichten gemeinsam ist das harmonische Zusammenspiel der unterschiedlichen Gewürze. Und wenn ein Gericht für den Schweizer Gaumen allzu scharf ist, hilft *Raita* (Joghurt) oder *Lassi* (Joghurt-Drink) zur Kühlung.

Sportbad Käpfnach, Horgen
Geheizter Pool im See

Das Sportbad Käpfnach ist keine gewöhnliche Badi. Zwar gibt es hier wie in fast allen Badeanstalten rund um den See auch ein Kinderplanschbecken, einen Sprungturm, Tischtennis, Beachvolleyball und eine Liegewiese mit vielen schattenspendenden Bäumen. Es verfügt aber noch über ein paar Besonderheiten wie ein schwimmendes Trampolin, einen Lift für Menschen mit Behinderung und einen speziellen Schwimmbereich: Das 50-Meter-Olympiabecken befindet sich auf einer schwimmenden Plattform im See, zu der man über eine kleine Brücke gelangt. Das Becken hat zwei entscheidende Vorteile: Es gibt auf den acht Bahnen kaum Wellen, und das Wasser wird auf angenehme 22–24 Grad geheizt. Und natürlich kann man sich hier auch verköstigen. Im Badkiosk und Restaurant Red Snapper servieren Sam und sein Team nebst den typischen Badi-Snacks wie Hot Dogs oder Chicken Nuggets auch ein Salatbuffet, Gerichte vom Grill sowie hausgemachten Kuchen.

ADRESSE Sportbad Käpfnach, Strandbadstrasse 5, 8810 Horgen

ÖV Ab Bahnhof Horgen mit dem Bus bis Haltestelle Käpfnach.

ÖFFNUNGSZEITEN Von Mai bis September, Montag bis Freitag 7–20 Uhr, Samstag und Sonntag 9–20 Uhr.

TIPP Die Wasserballer des SC Horgen eröffnen traditionell am Wochenende vor Saisonstart mit mehreren Spielen die Badesaison.

www.horgen.ch

ADRESSE Bergrestaurant Albishorn, Albishorn 1, 8915 Hausen am Albis

ÖV Mit dem Bus, Linie 236 ab Zürich nach Hausen am Albis, anschliessend ca. eine Stunde Fussmarsch.

ÖFFNUNGSZEITEN Je nach Wetter. Details auf der Webseite.

TIPP Besonders attraktiv ist die Wanderung ab Albispasshöhe über den Panoramaweg Nr. 47 bis zum Albishorn. Gute Schuhe werden empfohlen, da der Weg meist ein Naturpfad ist.

www.albishorn.com

Albishorn, Hausen am Albis
Panorama per pedes

067

Manchmal haben Verbote auch was Gutes. So zum Beispiel das Fahrverbot für Motorfahrzeuge hinauf zum Bergrestaurant Albishorn. Wer die beeindruckende Aussicht von der höchstgelegenen Gaststätte auf dem Albis auf 909 m ü. M. geniessen möchte, muss also zu Fuss oder mit dem Velo anreisen. Dazu hat man die Wahl zwischen verschiedenen attraktiven Routen, sei es vom idyllischen Sihlwald her oder auch ab Hausen. Wer den kürzesten Weg wählt, erreicht das Horn in rund einer halben Stunde ab dem Parkplatz im Mittelalbis. Und das lohnt sich nicht nur wegen des Panoramas über den Zürichsee von Zürich bis nach Schmerikon und auf der anderen Seite auf den Zugersee. Bei klarem Wetter hat man einen herrlichen Blick auf das Säntismassiv sowie die Glarner, Urner und Berner Alpen und ins Säuliamt. Im Bergrestaurant Albishorn kann man sich auch kulinarisch verwöhnen lassen – mit saisonalen, frisch zubereiteten Gerichten, die, wann immer möglich, aus regionalen Produkten bestehen. Und für Schleckmäuler gibt es zudem ein Kuchenbuffet mit hausgemachten Köstlichkeiten. Kurz gesagt: Man wird für den Aufstieg belohnt.

Grillplatz, Halbinsel Au
Grillieren mit Seeanstoss

068 Direkt am See zu grillieren, ist eine tolle Sache. An heissen Sommertagen ist die Abkühlung nicht weit weg. Im Herbst oder Frühling ist der See dann meist wenig befahren und es herrscht eine besonders schöne Stimmung. Auf der Halbinsel Au, mit ihrem Naturschutzgebiet und den Nagelfluh-Höhlen, gibt es eine malerische Grillstelle. Die Feuerstelle befindet sich nur wenige Gehminuten östlich des Tagungszentrums Schloss Au. Das hübsche Plätzchen ist umgeben von Schatten spendenden Bäumen. Wer Lust auf ein erfrischendes Bad hat, gelangt über einen kleinen Kiesstrand in den See. Die Ausstattung der Grillstelle ist zwar einfach, doch genau das kann von Vorteil sein: Die Chancen stehen gut, dass an schönen Tagen die Grillplätze nicht schon vor dem Mittag besetzt sind. Am besten, man bringt den Grillspiess für die Wurst gleich selber mit. Und wer mit Kindern unterwegs ist: Die werden ihre Freude am Hügel gleich hinter der Grillstelle haben, denn hier kann man wunderbar klettern, herumtoben und in den kleinen Höhlen *Versteckis* spielen.

ADRESSE Halbinsel Au, 8804 Au
ÖV Mit dem Zug bis Au, dann ca. zehn Minuten zu Fuss bis zum Tagungszentrum Schloss Au und weiter Richtung Schiffstation.
ÖFFNUNGSZEITEN Täglich, rund um die Uhr.
TIPP Eine Musikinstallation im Park lädt von Mai bis Oktober zum Verweilen und Entspannen ein. Täglich: 12 Uhr, 15 Uhr, 17 Uhr und 19 Uhr.
www.schloss-au.ch

Johanna-Spyri-Museum, Hirzel
Auf Heidis Spuren

069 Wussten Sie, dass Johanna Spyri, die Schöpferin der Heidi, auf dem Hirzel als Johanna Louise Heusser geboren wurde? Sie kam am 12. Juni 1827 im elterlichen Doktorhaus zur Welt und verbrachte ihre Kindheit und Jugend in der Gemeinde Hirzel. Ihre Heimatgemeinde hat ihr im ehemaligen Schulhaus 1981 das Johanna-Spyri-Museum eingerichtet. Spyri erinnerte sich später: «Dieses alte Haus war das Schulhaus, wo ich mit den Kindern des Dorfes meinen ersten Unterricht empfing, der weniger darin bestand, dass uns gegeben wurde, was wir brauchten, als darin, dass wir nehmen konnten, was wir wollten.» Im detailreich gestalteten Museum erleben die Besucherinnen und Besucher die Geschichte der Heidi-Erfinderin hautnah. Das Museum präsentiert viele persönliche Gegenstände, wie zum Beispiel die Schuhe der Schriftstellerin. Zudem erfährt man auch mehr über ihre Herkunft, ihr Leben und ihr Werk, und schliesslich gibt es auch Filmausschnitte rund ums Heidi. Das Museum im Dorfkern von Hirzel bietet ausserdem Spielmöglichkeiten für verschiedene Altersstufen und präsentiert eine lebensnahe Puppenszene «Heidi auf der Alp». Auch ein Museumsshop fehlt nicht.

ADRESSE Johanna-Spyri-Museum, Dorfstrasse 48, 8816 Hirzel

ÖV Ab Bahnhof Wädenswil mit dem Bus nach Hirzel.

ÖFFNUNGSZEITEN Mittwoch, Samstag und Sonntag von 14–17 Uhr.

TIPP Ein kleiner Spaziergang führt über die Toktergass bei der Kirche hinauf zur Vorderen Höchi, wo sich das Geburtshaus von Johanna Spyri befindet.

www.spyri-museum.ch

ADRESSE Friedhof Hirzel, Dorfstrasse bei der reformierten Kirche, 8816 Hirzel

ÖV Ab Bahnhof Wädenswil mit dem Bus nach Hirzel.

ÖFFNUNGSZEITEN Täglich während der Tagesstunden.

TIPP Die einzigartige Moränenlandschaft im Hirzel ist von nationaler Bedeutung und lädt zu Spaziergängen ein, die zu jeder Jahreszeit lohnenswert sind.

Linde in Hirzel
Symbol für Heimat, Gerechtigkeit, Frieden und Liebe

070

Die Linde hatte in vielen Kulturen eine starke mythologische Symbolkraft. Als Schutz-, Versammlungs- und Gerichtsbaum steht sie seit Urzeiten für Liebe, Frieden und Heimat. Oft pflanzte man sie als Einzelbaum mitten im Dorf, wo sie zum Treffpunkt der Dorfgemeinschaft wurde. Wen wundert's, dass die mächtige Linde beim Friedhof Hirzel auch als Kraftort gilt? Die so genannte Erni-Linde hat einen Stammumfang von über acht Metern und soll bereits 200 Jahre alt sein. Umso tragischer, dass im Herbst 2020 ein Sturm den Baum stark beschädigt hat: Einer der drei Hauptäste brach ab und ein weiterer Ast wurde in Mitleidenschaft gezogen. Dank des Einsatzes von Baumpflegespezialisten konnte der majestätische Baum aber gerettet werden. Das hätte bestimmt auch den 2018 verstorbenen Pfarrer Ernst Sieber gefreut. Dieser arbeitete als junger Mann auf dem benachbarten Hof als Bauernknecht und verweilte oft bei der alten Linde, genoss die Ruhe und die schöne Aussicht. Pfarrer Sieber bezeichnete denn auch die Linde gern als seinen Kraftbaum, aus dem er positive Energie schöpfen konnte.

Seeuferweg, Wädenswil-Richterswil
Immer direkt dem Wasser entlang

071

Der Seeuferweg bewegt die Gemüter – damals wie heute. Bereits seit den 1970er-Jahren ist dieser im Richtplan verankert, fertig gebaut ist er noch lange nicht. Am linken Ufer konnten inzwischen zumindest grössere Teile des Seeuferwegs realisiert werden, wie der Abschnitt von Wädenswil nach Richterswil. Ende 2012 wurde die Strecke nach langem Hin und Her endlich eröffnet, und seither haben schon unzählige Spaziergängerinnen und Spaziergänger die rund 1,6 Kilometer lange Strecke begangen und die freie Sicht auf den See genossen – wobei es hier nicht nur dem gekiesten Ufer entlang geht, sondern teilweise auf Holzstegen auch übers Wasser. Dank dieses Abschnitts gibt es nun eine nahezu ununterbrochene, 15 Kilometer lange Wanderroute von Horgen bis Bäch. Rund drei Stunden ist man dafür unterwegs, es sei denn, man legt zwischendurch eine Picknickpause oder einen Restaurantbesuch ein. Gelegenheit dazu gibt es jede Menge, sei es an einer Grillstelle direkt am See oder beispielsweise in der originellen Fabrikbeiz in der Shedhalle in Wädenswil.

ADRESSE Seeuferweg beginnend von Giessen, Wädenswil, Richtung Richterswil oder in umgekehrter Richtung

ÖV Mit dem Zug bis Bahnhof Wädenswil bzw. Richterswil.

ÖFFNUNGSZEITEN Täglich, rund um die Uhr.

TIPP Im Winter ist der Weg oft menschenleer, ideal für ruhige Spaziergänge.

Baumweg, Wädenswil
Von Baum zu Baum durch Wädi

072

Bäume sind wichtig für Mensch, Tier und Klima. Grund genug, ihnen besondere Beachtung zu schenken. Ein lohnenswertes Ausflugsziel ist der Baumweg im Zentrum von Wädenswil, der von der Arbeitsgruppe Stadtbäume Wädenswil initiiert wurde. Seit Oktober 2023 trifft man hier auf einem anderthalb Kilometer langen Spaziergang von der Blutbuche und Rosskastanie, vom Feldahorn bis zur Platane auf die unterschiedlichsten Baumarten in allen Grössen. Kleine Infotafeln vermitteln spannende Informationen zu den jeweiligen Bäumen, wie Alter, Besonderheiten, Blattform oder Vorkommen. Unterwegs kommt man auch an einem ganz besonderen Baum vorbei: Dem amerikanischen Amberbaum. Er ist sehr robust und kann sich an veränderte klimatische Bedingungen anpassen. Weder höhere Temperaturen noch Überschwemmungen können dem *Liquidambar styraciflua* etwas anhaben, weshalb er als Zukunftsbaum gilt. Zukunftsbäume sind besonders widerstandsfähige Baumarten, die wegen ihrer Eigenschaften in der Forstwirtschaft gefördert werden. Gut möglich also, dass man auch hierzulande vermehrt auf den Amberbaum treffen wird. In unseren Breitengraden kann er 10–20 Meter hoch werden, andernorts sogar bis zu 40 Meter.

ADRESSE Der Baumweg startet am Seidenweg, 8820 Wädenswil

ÖV Mit dem Zug bis Bahnhof Wädenswil, wenige Gehminuten auf der Gerbestrasse zum Seidenweg.

ÖFFNUNGSZEITEN Täglich, rund um die Uhr.

TIPP Zukünftig sind auch Führungen geplant.
www.naturwaedi.ch

ADRESSE Reformierte Kirche, Schönenbergstrasse 9, 8820 Wädenswil

ÖV Mit dem Zug bis Bahnhof Wädenswil, dann wenige Gehminuten hinauf zur Kirche.

ÖFFNUNGSZEITEN Diese hängen von den Veranstaltungen ab. Einen Überblick findet man auf der Webseite.

TIPP Die Orgel erklingt nicht nur während den Gottesdiensten – es finden auch regelmässig Orgelkonzerte statt.

www.kirche-waedenswil.ch

Reformierte Kirche, Wädenswil
Orgelkunst in barockem Ambiente

073

Kirchen sind nicht nur für Gläubige faszinierende Orte, sondern ziehen auch kunst- und kulturinteressierte Menschen in ihren Bann. Die beeindruckende Architektur – mal schlicht, mal reich verziert – schafft eine einzigartige Atmosphäre. So auch die reformierte Kirche Wädenswil aus dem Spätbarock. Blickfang ist hier ganz klar die dreimanualige Orgel. Mit ihren drei Klaviaturen bietet sie eine beeindruckende Vielfalt an Klangfarben und musikalischen Ebenen, die dank der besonderen Akustik des grossen Raumes mit der hohen, gewölbten Stuckaturdecke besonders gut zur Geltung kommen. Die Orgel, nicht umsonst «Königin der Instrumente» genannt, entfaltet dabei ihr volles Spektrum – von zarten, flötenartigen Tönen bis hin zu mächtigen, donnernden Klängen. Ein Kirchenbesuch mit Orgelmusik ist auch für nichtreligiöse Menschen ein eindrucksvolles Erlebnis.

Kletterzentrum Gaswerk, Wädenswil
Die Wände hochgehen

074

Indoorklettern und -Bouldern haben sich in den letzten Jahren zu beliebten Sportarten entwickelt, denn Klettern fordert sowohl Körper als auch Geist. Ausserdem ist es wetterunabhängig und im Vergleich zum Freiluftklettern einiges sicherer. Das Wädenswiler Kletterzentrum Gaswerk zählt zu den grössten Anlagen der Schweiz für die drei olympischen Kletterdisziplinen Seilklettern, Bouldern (also ohne Seil) und Speedklettern. Das Kletterparadies punktet mit mehr als 400 Kletterrouten, die bis zu 17 Metern hoch sind, 200 Bouldern auf zwei Stockwerken sowie einer permanenten Speedroute. Wer einfach mal die Wände hochgehen will, kann spontan zum Bouldern vorbeischauen. Für das Klettern am Seil benötigt man allerdings ein paar Grundkenntnisse. Neulinge in Sachen Klettersport buchen am besten einen Schnupperkurs für einen ersten Einstieg in die vertikale Welt. Auch Fortgeschrittene, die ihr Niveau verbessern möchten, bekommen hier entsprechende Instruktionen. Es gibt zudem Kurse speziell für Familien, Gruppen – und Senioren, denn zum Klettern ist man nie zu alt.

ADRESSE Kletterzentrum Gaswerk, Rütihof 2, 8820 Wädenswil

ÖV Mit dem Zug bis Bahnhof Wädenswil, dann mit dem Bus bis Haltestelle Hintere Rüti.

ÖFFNUNGSZEITEN Montag bis Freitag 11–23 Uhr, Samstag und Sonntag 9–20 Uhr, Mittwoch Frühklettern ab 7.30 Uhr.

TIPP Wer einfach nur zuschauen möchte, kann es sich in der Lounge gemütlich machen.

www.kletterzentrum.com

Jugendherberge, Richterswil
Ferienparadies – Seeblick inklusive

075

Wer günstig und an traumhafter Lage logieren will, ist in der *Jugi* Richterswil auf dem Horn genau richtig. Das feudale Landhaus mit Seesicht, das vor über 180 Jahren von einem Weinhändler erbaut wurde, hat eine lange Geschichte. 1841 liess Johann Jakob Blattmann auf dem Richterswiler Horn ein prachtvolles Wohngebäude mit einer angrenzenden Kellerei errichten. Es folgten ein Küsnachter Seidenhändler, eine Färberei, eine Druckerei und eine Produktionsstätte für gummierte Gewebe. 1976 kaufte der Kanton Zürich schliesslich die idyllische Landzunge. Das Interesse von verschiedenen Seiten an diesem schönen Ort war natürlich gross, doch zum Schluss bekam die Jugendherberge einen Baukredit und konnte 1992 den Betrieb aufnehmen. Ganz klar, dass das schmucke Gebäude an dieser einmaligen Lage gut besucht ist und es sich empfiehlt, frühzeitig zu reservieren, wenn man hier ein paar Tage Ferien machen möchte – direkt am linken Ufer des Zürichsees mit der Möglichkeit, Menschen jeden Alters aus der ganzen Welt kennenzulernen.

ADRESSE Jugendherberge Richterswil, Hornstrasse 5, 8805 Richterswil
ÖV Mit dem Zug bis Bahnhof Richterswil, dann wenige Gehminuten dem Seeufer entlang bis zum Horn.
ÖFFNUNGSZEITEN Anfang März bis Ende November.
TIPP Während der Sommersaison kann man sich im gemütlichen Beizli am See kulinarisch verwöhnen lassen, im Winter gibt es Fondue im Zelt.
www.youthhostel.ch

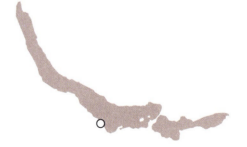

Giessbachfall, Wädenswil
Wasserfall im Wohnquartier

076

Den Rheinfall kennt jeder – kein Wunder, er ist ja auch der höchste Wasserfall im Kanton Zürich und eine echte Touristenattraktion. Sehr viel weniger bekannt ist der zweihöchste Wasserfall, der Giessbachfall im Quartier Giessen in Wädenswil. Hier stürzt der Reidbach über eine rund 20 Meter hohe bemooste Nagelfluh- und Sandsteinwand und bietet ein eindrückliches Schauspiel, vor allem bei hohem Wasserstand. Der Wasserfall liegt gerade mal 300 Meter vom linken Seeufer entfernt in einem bewaldeten Abschnitt und tost oder tröpfelt je nachdem in ein schattiges Auffangbecken – perfekt, um sich an einem heissen Sommertag die Füsse zu kühlen. Gleich daneben liegt der legendäre Felsenkeller, in dem die Brauerei Wädenswil einst ihr Bier mit Eis kaltstellte. Und nein, man kann da leider kein kühles Bier mehr beziehen. Der Keller, der 1858 in den Felsen gesprengt wurde, ist seit 1990 stillgelegt und geschlossen. Einziges Überbleibsel ist die eiserne Eingangstür neben dem Wasserfall. Seit 2021 fliesst der Riedbach offen durch das Giessenareal, ein einstiges Industriequartier mit der Tuchfabrik Pfenninger und Teilen der Brauerei Wädenswil. Heute gibt es da grosszügige Wohnungen und Bürobauten.

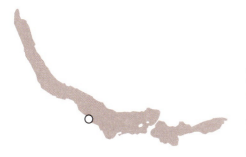

ADRESSE Giessbachfall, Quartier Giessen, 8820 Wädenswil

ÖV 15 Minuten Fussweg ab Bahnhof Wädenswil.

ÖFFNUNGSZEITEN Täglich, rund um die Uhr.

TIPP Beim Giessbachfall gibt es eine Feuerstelle mit Sitzgelegenheit – Picknick nicht vergessen!

Gottfried-Keller-Plätzli, Richterswil
Inspiration für den Dichter

077 Was hat der berühmte Zürcher Dichter Gottfried Keller (1819–1890) mit Richterswil zu tun? Von hier stammte seine grosse Jugendliebe Henriette Keller, die trotz des Namens nicht mit ihm verwandt war. Henriette, die Schneiderin lernte, starb aber bereits im Alter von 19 Jahren an Schwindsucht. Sie wurde auf dem Friedhof von Richterswil beerdigt. An ihrem Grab trauerte der ebenfalls 19-jährige Gottfried Keller. In Gedenken an Henriette schrieb er das Gedicht *Das Grab am Zürichsee* und malte ein Aquarell, das ihr verschneites Grab zeigt. Auch in weiteren Werken hinterliess die junge Frau ihre Spuren, so zum Beispiel in der Gestalt der Laura in *Der grüne Heinrich*. An den Dichter erinnert heute noch das Gottfried-Keller-Plätzli, auch *Känzeli* genannt, auf Burghalden, mit der wohl schönsten Aussicht auf den Zürichsee, die Inseln Ufenau und Lützelau sowie das Inselchen Schönenwerd vor Richterswil bis in die Glarner Alpen. Ja, auch Gottfried Keller soll hier schon den Ausblick genossen haben und liess sich in seiner weniger bekannten Tätigkeit als Landschaftsmaler inspirieren.

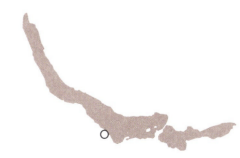

ADRESSE Gottfried-Keller Platz, Burghaldenstrasse 55, 8805 Richterswil

ÖV Mit der Südostbahn bis Haltestelle Burghalden.

ÖFFNUNGSZEITEN Täglich, rund um die Uhr.

TIPP In Kellers Novelle *Kleider machen Leute* soll Richterswil als Vorbild für die Stadt Seldwyla gedient haben – lesenswert, beispielsweise auf einem Bänkli auf dem Gottfried-Keller-Plätzli.

Fontäne, Richterswil
Weltsensation am linken Ufer

078

Die Richterswiler Fontäne steht mit einer Höhe von 101 Metern weltweit zwar nur an achter Stelle, aber trotzdem ist sie einmalig. Denn sie ist der höchste Springbrunnen der Welt, der mit reiner Schwerkraft, also ohne Pumpe, betrieben werden kann. Und das kam so: Im Jahr 1873 erwarb der Seidenfabrikant Rudolf Zinggeler-Syfrig das Recht, den Mülibach für den Betrieb seiner Zwirnmaschinen zu nutzen. Oberhalb von Richterswil staute der Mülibach und der Sternenweiher war geboren. Eine Druckleitung von zwei Kilometern Länge leitete das Wasser bis zum Zürichsee, wo es in seiner Zwirnerei eine Wasserturbine antrieb. Als Zeichen des technischen Fortschritts und zur Unterhaltung liess der Fabrikant an Festtagen das Wasser durch eine Düse schiessen, wodurch ein beeindruckender Springbrunnen von 80–85 Metern Höhe entstand, der einst als der höchste Europas galt. Der Betrieb der Kraftanlage wurde 1972 eingestellt und folglich gab es auch keine Wasserspiele mehr. Dank einem neu gegründeten Komitee konnte die Fontäne dann Ende 2007 wieder zum Leben erweckt werden und ist auch vom gegenüberliegenden Ufer aus betrachtet ein wahres Spektakel.

ADRESSE Fontäne Richterswil, Seepromenade Höhe Badeanstalt, 8805 Richterswil

ÖV Kurzer Spaziergang ab Bahnhof Richterswil Richtung See.

BETRIEBSZEITEN Je nach Wetter sonntags von ca. 11.45–12 Uhr, bei genügend Wasser im Reservoir.

TIPP Auf Anfrage kann die Fontäne auch für private Anlässe aktiviert werden – abends sogar beleuchtet.

www.fontaene.ch

ADRESSE Insel Schönenwerd, Bucht zwischen Richterswil und Bäch

ÖV Mit dem Zug bis Richterswil, dann ein Boot im alten Hafen mieten oder die ca. 250 Meter zur Insel schwimmen.

ÖFFNUNGSZEITEN Täglich, rund um die Uhr.

TIPP Richtung Norden ist die Wassertiefe sehr gering, daher eignet sich der See auch für Kinder unter Aufsicht zum Baden.

Insel Schönenwerd, Richterswil
Grossartiges, kleines Inselidyll

079

Der Faszination Insel kann sich keiner entziehen. Vielleicht, weil man dort der Schlechtigkeit der Welt entrückt ist, wie der britische Schriftsteller George Orwell mutmasste? Oder weil man, von Wasser umgeben, lernt, Grenzen zu achten? Wie auch immer: Eine Insel, sei sie noch so klein, ist eine Welt für sich. So auch das Inselchen Schönenwerd oder Schönenwirt vor Richterswil. Die Gemeinde Richterswil ersteigerte die Insel 1848 für gerade einmal 100 Franken. Zuvor war da noch die Idee, eine «Anstalt für geistig Leidende» darauf zu errichten – glücklicherweise wurde dieser Vorschlag verworfen. So können heute Bootsausflügler und Schwimmerinnen und Schwimmer die kleine, paradiesisch anmutende Insel als Badeplätzli, zum Relaxen, *Sünnele*, Grillieren und Träumen nutzen. Schweizweit bekannt wurde das Plätzchen 2022 als Schauplatz des Zürcher *Tatort*. Drei Drehtage lang herrschte Ausnahmezustand an Richterswils Ufern, der zahlreiche Schaulustige anzog. Inzwischen ist aber auf der grössten natürlichen Insel des Kantons Zürich – abgesehen von schönen Sommerwochenenden – wieder Idylle pur.

Sagi Museum, Samstagern
Alte Handwerkskunst und die Kraft des Wassers

080

Seit 1656 steht in Samstagern am Sagibach eine Sägerei. Und nicht irgendeine, sondern mit all ihren Maschinen die grösste der Schweiz und damit auch eine der letzten Zeugen vergangener Handwerkskunst. Die alte Sägerei, die ausschliesslich mit Wasserkraft betrieben wurde, konnte in den 1980er-Jahren im letzten Moment vor der Zerstörung durch einen Brand gerettet werden. Von 1988 bis 1991 wurde sie gründlich und liebevoll restauriert und so zum attraktiven und lebendigen Museum von heute umgestaltet. 1991 erhielt die Sagi sogar den Heimatschutzpreis des Kantons Zürich. Nach unzähligen Stunden Schwerstarbeit plätschert und sägt es nun also wieder in der fast in ihren Ursprungszustand versetzten Sägerei, die ihre Energie natürlich nach wie vor aus der Wasserkraft bezieht. Heute führt die Genossenschaft pro Sagi Samstagern das Museum und organisiert regelmässig ein öffentliches Schausägen. Für Gruppen gibt es ausserdem informative Sonderführungen. Ein Muss für Freunde alter Maschinen und eine sehr schöne Gelegenheit, die Kraft des Wassers zu bestaunen.

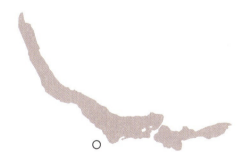

ADRESSE Sagi Museum, Sagi 2, 8833 Samstagern

ÖV Ab Bahnhof Richterswil mit dem Bus Nr. 170 bis Haltestelle Sagenbach.

ÖFFNUNGSZEITEN Öffentliches Schausägen an jedem zweiten Samstag des Monats von April bis Oktober, Sonderführungen auf Anfrage.

TIPP Das Holz, das bei den Vorführungen gesägt wird, kann erworben werden.

www.sagi-samstagern.ch

ADRESSE Naturschutzgebiet Frauenwinkel, Gebiet zwischen Seedamm und Inseln, 8808 Freienbach

ÖV Mit dem Zug bis Bahnhof Pfäffikon oder Freienbach, dann zu Fuss Richtung Hurden.

ÖFFNUNGSZEITEN Täglich, rund um die Uhr.

TIPP Den Frauenwinkel erreicht man auch von Rapperswil über den Holzsteg.

www.frauenwinkel.ch

Naturschutzgebiet Frauenwinkel, Freienbach
Unverbaute Uferlandschaft

081

Bereits vor fast 100 Jahren erkannte man, dass das Gebiet mit den Riedflächen am oberen Zürichsee zwischen Freienbach, Pfäffikon und Seedamm sowie die beiden Inseln Ufenau und Lützelau von grosser ökologischer Bedeutung sind und deshalb unter Naturschutz gestellt werden müssen. Frauenwinkel, wie das Gebiet heisst, ist der letzte grosse, unverbaute Uferabschnitt am Zürichsee und ein wichtiger Wasservogel-Rastplatz und Brutgebiet seltener Ried- und Schilfvogelarten. Naturliebhaber können durch den Schutzzaun seltene Vogelarten beobachten, wie zum Beispiel Kiebitze auf ihren spektakulären Balzflügen im Frühling. Der Fussgängerweg ist Teil des Jakobswegs und führt am Rande des Naturschutzgebiets von Hurden über Pfäffikon nach Freienbach. Unterwegs gibt es nicht nur einen Aussichtsturm, sondern auch eine Feuerstelle mit Spielplatz. Wer will, kann auch bei der Stiftung Frauenwinkel eine Führung buchen. Frauenwinkel erhielt seinen Namen von einer Schenkung, die Kaiser Otto I. im Jahr 965 dem Stift Unserer Lieben Frau in Einsiedeln zuteilwerden liess.

Seeanlage Pfäffikon, Freienbach
Über Holzstege durchs Naturparadies

082

Kaum zu glauben, aber bis in die 1980er-Jahre hatte die Gemeinde Freienbach, zu der auch Pfäffikon gehört, nur in Bäch einen öffentlichen Seezugang. Dann gelang es ihr aber, hinter dem Pfäffiker Schlossturm Land am See zu kaufen und daraus eine grosszügige Seeanlage zu gestalten: Eine Badeanstalt mit Kies- und Sandstrand, eine Schiffsanlegestelle mit Verbindung zur Insel Ufenau, ein grosser Kiesplatz mit Sitzbänken unter Linden und ganz im Osten, direkt vor der ehemaligen Steinfabrik, ein Stück natürliches Seeufer mit einem Schilfgürtel. Über Holzstege lässt sich dieses Naturparadies erkunden und ganz am Ende befindet sich eine Aussichtsplattform. Steigt man die wenigen Stufen hinauf, hat man einen weiten Blick über den See und die Inseln und das anschliessende Naturschutzgebiet Frauenwinkel im Osten. Und wer sich ganz still verhält, kann vielleicht auch Tiere beobachten. Schilfgürtel sind nämlich das Zuhause vieler Vogelarten wie Haubentaucher, Rohrdommel oder Reiher sowie Amphibien wie Teich- und Laubfrösche.

ADRESSE Seeanlage Pfäffikon, Unterdorf, 8808 Freienbach
ÖV Mit dem Zug bis Bahnhof Pfäffikon SZ, dann zehn Minuten Fussweg seeabwärts.
ÖFFNUNGSZEITEN Täglich, rund um die Uhr.
TIPP Im Sommer gibt es hier ein Open-Air-Kino.
www.kino-am-see.ch

Etzelpass, Egg SZ
Kapelle mit gruseliger Geschichte

083

Der Etzel gilt zwar als Hausberg von Pfäffikon SZ, liegt aber zu einem grossen Teil auf dem Gemeindegebiet von Egg SZ. Doch wie auch immer: Das Panorama ist herrlich, erst recht, wenn der Zürichsee in den kalten Monaten unter einem dichten Nebelmeer liegt. Auf der Passhöhe thront das Gasthaus St. Meinrad, das einst Pilgern auf dem Jakobsweg Unterkunft gewährte, die vom Zürcher Oberland über den Etzelpass zum Wallfahrtsort Einsiedeln und von dort weiter bis ins nordspanische Santiago de Compostela unterwegs waren. Unmittelbar daneben steht die hübsche Kapelle St. Meinrad. Weniger schön ist die Sage über deren Entstehung. Demnach wurde der Eremit Meinrad im Jahr 861 von zwei Landstreichern erschlagen, die das Gold der Pilger aus dem Schrein plündern wollten. Darauf verfolgten zwei Raben die Räuber und führten sie vor Gericht. Dort wurden sie zum Tod auf dem Scheiterhaufen verurteilt. An der Stelle, wo der heilige Meinrad umgebracht wurde, errichtete man die Kapelle. Heute ist der Etzelpass ein idealer Ausgangspunkt für Wanderungen mit toller Aussicht.

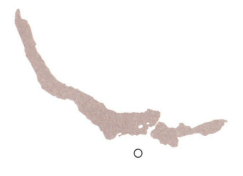

ADRESSE Etzelpasshöhe, Etzel 12, 8847 Egg SZ

ÖV Von Pfäffikon SZ mit dem Postauto Richtung Feusisberg. Von der Haltestelle Abzweigung Etzelpass zu Fuss weiter.

ÖFFNUNGSZEITEN Täglich, rund um die Uhr.

TIPP Jeden Dienstag gibt es im Gasthaus St. Meinrad *Stubete* mit der *Ziistigs-Musig*.

www.stmeinrad.ch

Insel Lützelau, Rapperswil-Jona
Ab auf die Insel!

084

Eine Insel ist für die meisten Menschen eine Art Garten Eden auf Erden – eines, das man oft nur durch lange Flugreisen und überfüllte Flugzeuge erreicht. Das muss aber nicht sein. Wer sich den Traum von der Insel erfüllen will, braucht nicht weit zu reisen. Rund 1200 Inseln hat das Bundesamt für Landestopografie in Schweizer Seen und Flüssen erfasst. Dazu gehört auch die Insel Lützelau im oberen Teil des Zürichsees, die erstmal im Jahr 741 als *Lu zilunouwa* mit dem Frauenkloster erwähnt wurde. «Kleine Insel» bedeutet ihr Name und es ist tatsächlich ein kleines Paradies mitten im Zürichsee. Sie ist in wenigen Minuten mit dem Lütz-Shuttle, einer kleinen, charmanten Fähre, die vom Hafen Rapperswil fährt, oder mit dem eigenen Boot erreichbar. Bereits seit 1964 gibt es dort einen Campingplatz, der rege genutzt wird. Aber auch wer nur ein paar Stunden auf der Insel verbringen möchte, ist willkommen – sollte sich aber rechtzeitig auf den Weg machen, denn das 3,38 Hektar grosse Inseli ist schnell mal gut besetzt.

ADRESSE Lütz-Shuttle, Schiffstation Rapperswil, 8640 Rapperswil-Jona

ÖV Ab Hafen Rapperswil mit dem Lütz-Shuttle.

ÖFFNUNGSZEITEN Die Saison dauert vom 1. Mai bis 30. September.

TIPP Die Mittagspause auf der Insel verbringen? Von Juni bis September fährt das Shuttle von Montag bis Freitag an schönen Tagen um 11.30 und 12 Uhr ab Hafen Rapperswil zur Insel und um 13.15 bzw. 14.15 Uhr wieder zurück.

www.insel-luetzelau.ch

ADRESSE Mitten im See, zwischen der Insel Ufenau und Pfäffikon SZ.

ÖV Die MS Meos kann mit dem eigenen Gefährt oder mit dem Taxiboot von der Seeanlage Pfäffikon SZ erreicht werden.

ÖFFNUNGSZEITEN Jeweils im Sommer bei schönem Wetter zwischen den Inseln unterwegs.

TIPP Im Winter ist die MS Meos als Fondueschiff unterwegs.

www.ms-meos.ch

MS Meos, Pfäffikon SZ
Schwimmendes Beizli auf dem Zürichsee

085

Dolce Vita auf dem Zürichsee: Manch einer beneidet Kapitänin Andrea Stapel und Crewmitglied Monika Baumgartner, die im Sommer die meiste Zeit auf dem Gourmet-Schiff MS Meos verbringen. Allerdings nicht beim Relaxen, Planschen oder *Sünnele*. Denn an schönen Tagen gibt es auf dem Schiff und in der Kombüse so richtig viel zu tun. Dann nämlich halten Motorboote, Segelboote, Menschen auf Stand-up-Paddle-Boards, Luftmatratzen oder in Gummibooten Kurs auf die MS Meos zwischen den Inseln. Anders lässt sich das Schiff gar nicht erreichen; es legt nämlich nur an, wenn die Crew Feierabend hat. Gern hilft die Kapitänin beim Anlegen der Boote. Danach hat man die Qual der Wahl zwischen geräucherter Forelle, Beefsteak Tartar, Meos-Burger, Riesen-Cervelat und erfrischenden Salaten. Natürlich werden auch gut gekühlte Getränke serviert. Wenn «Voll Schiff» gemeldet wird, verwandelt sich das Seebeizli in eine *Bäsebeiz* und es wird nur noch über die Gasse oder eher: über die Reling verkauft. Wer möchte, kann das Gourmet-Schiff auch exklusiv für ein Fest buchen und mit bis zu 20 Freunden ein paar unvergessliche Stunden an Bord verbringen.

OBER
SEE

Hafenanlage, Lachen
Der kunterbunte Friemel

086 Die Seepromenade von Lachen am Ende des Obersees ist einmalig: Sie ist nicht nur eine der längsten, sondern auch eine der schönsten. Linden und Platanen, Ahorn und Buchen spenden im Sommer Schatten und sorgen im Herbst für viel Farbe. Es gibt Spielplätze für Kinder, und viele Sitzgelegenheiten laden zum Verweilen ein – beispielsweise, wenn die Sonne über dem Seedamm zwischen Rapperswil und Pfäffikon untergeht. Die Seeanlage hat aber noch etwas Besonderes zu bieten: Sie ist das Zuhause vom Friemel, einer Fantasiegestalt, die durch ihre leuchtenden Farben und die lustigen Glubschaugen nicht zu übersehen ist. Geschaffen hat die Skulptur die Künstlerin Annette Etzel aus Richterswil. Sie liebt die satten, leuchtenden Farben, die vor einer grauen Betonmauer ebenso schön zur Geltung kommen wie in einem grünen Park oder auch in einem Wohnzimmer – oder eben hier im See. Und damit das so bleibt, arbeitet sie mit Autolack, denn der ist besonders witterungsbeständig. So erstrahlt Friemel in derselben Farbenpracht wie seit seinem Einzug an der Promenade im Jahr 2009 und erfreut Einheimische ebenso wie Touristinnen und Touristen.

ADRESSE Hafenanlage Lachen, Hafenstrasse, 8853 Lachen SZ

ÖV Mit dem Zug bis Bahnhof Lachen, dann zu Fuss hinunter zur Marina.

ÖFFNUNGSZEITEN Täglich, rund um die Uhr.

TIPP Im Winter lädt das Restaurant Heimetli zu *urchigen* Schweizer Spezialitäten in rustikaler Atmosphäre.

www.heimetli-lachen.ch

ADRESSE Eisfeld Lachen, Aeussere Haab 11, 8853 Lachen

ÖV Ab Bahnhof Lachen kurzer Spaziergang zum See.

ÖFFNUNGSZEITEN In den Wintermonaten täglich, Aktivitäten gemäss Belegungsplan auf der Webseite.

TIPP Auf dem Eisfeld können auch Kindergeburtstage gefeiert werden.

www.eisfeld-lachen.ch

Eisfeld, Lachen
Eisiges Vergnügen auf dem Seeplatz

087

Seegfröörni? Ein seltenes Ereignis. Denn die Formel dafür, dass der Zürichsee friert, lautet: 320 Kältegradtage, das sind also beispielsweise 32 Tage mit einer durchschnittlichen Lufttemperatur von −10 Grad. Was ziemlich kalt und eher unwahrscheinlich ist. Doch das ist noch lange kein Grund, aufs Schlittschuhlaufen zu verzichten. Nebst den grossen Kunsteisbahnen wie der KEK in Küsnacht gibt es rund um den See einige kleinere Eisfelder, teils direkt am Seeufer. So zum Beispiel in Lachen am Obersee. Hier drehen Kinder und Erwachsene ihre Runden, Eishockeyspieler sind am Spielen und wer mag, kann sich auch im Eisstockschiessen versuchen. Keine Schlittschuhe? Kein Problem, die kann man direkt vor Ort mieten, ebenso wie Eistiere für alle, die noch etwas unsicher auf dem Eis sind. Ganz klar, dass so viel Bewegung an der frischen Luft hungrig macht, den man im «Iis-Stübli» mit einem Hot Dog, Raclette oder Käsefondue stillen kann. Was nie fehlen darf: Ein Glas Glühwein zum Aufwärmen.

Golfpark Zürichsee, Wangen
Golfen mit Seesicht

088

Nur wenige Minuten vom Obersee entfernt liegt der Golfpark Zürichsee in Nuolen. Er gilt als besonders schön, weil er einen herrlichen Weitblick in die Glarner Alpen sowie freie Sicht auf Obersee, Linthebene, Seedamm und Rapperswil bietet. Während die 18-Loch-Anlage auch für erfahrene Golfer viele Challenges bereithält, können Neulinge auf der Driving-Range, der Approach-Area und dem Putting-Green erste Erfahrungen mit dem Golfsport sammeln. Der 9-Loch Pitch & Putt-Kurzplatz eignet sich hervorragend für Golfanfänger, ohne Platzreife oder Handicap. Voraussetzung sind jedoch grundlegende Kenntnisse der Golfregeln und -etikette, belegt durch einen bestandenen Regeltext. So können auch Neulinge auf einem richtigen Golfplatz stehen, anstatt nur auf der Driving-Range Bälle zu schlagen. Wer sich weniger für Golf als für die wunderschöne Landschaft und die Panoramasicht interessiert, ist im Restaurant mit grosser Sommerterrasse willkommen. Serviert wird eine leichte, mediterrane Küche. Als Spezialität des Hauses gilt das Innerschwyzer Kalbskotelett – dafür muss man allerdings ordentlich Appetit haben, denn es wiegt satte 400 Gramm!

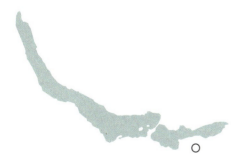

ADRESSE Golfpark Zürichsee, Rütihof 3, 8855 Wangen SZ

ÖV Ab Bahnhof Lachen mit dem Bus 525 bis Nuolen.

ÖFFNUNGSZEITEN Gemäss Platzstatus auf der Webseite.

TIPP Wer einen ersten Einblick ins Golfen erhalten will, kann einen Schnupperkurs buchen.

www.golfpark.ch

ADRESSE Naturschutzgebiet Bätzimatt, 8856 Tuggen

ÖV Mit dem Bus ab Tuggen bis Grynau oder mit dem Zug bis Uznach und zu Fuss zur Grynau, anschliessend dem Linthkanal folgen.

ÖFFNUNGSZEITEN Täglich, rund um die Uhr.

TIPP Gutes Schuhwerk empfehlenswert, da der Weg auch recht schlammig sein kann. Den Feldstecher für die Beobachtung der zahlreichen Vögel nicht vergessen.

Bätzimatt, Schmerikon
Geschenk der Natur

089

Zwischen der Linthmündung und dem Buechberg liegt Bätzimatt, die zum Besitz der Gemeinde Schmerikon gehört. Früher diente die Weide der Schweinemast – daher auch der Name, denn Schweine nannte man damals *Bätz* oder *Bätzel.* Heute zählt die Bätzimatt mit ihren vorgelagerten Inseln zu den Landschaften von nationaler Bedeutung und ist im Bundesinventar der Landschaften und Naturdenkmäler aufgeführt. Zudem ist sie Teil der Bundesinventare der Amphibienlaichgebiete, Flachmoore sowie Wasser- und Zugvogelreservate und bietet vielen bedrohten Arten einen Lebensraum. Die Bewirtschaftung ist eher ungewöhnlich, denn das vom WWF gemähte Schnittgut wird mit Schiffen abgeführt. Ein Spaziergang ab Schloss Grynau den Linthkanal entlang lohnt sich also auf jeden Fall. Im Sommer kann man sich auch auf der Luftmatratze oder im Gummiboot den Kanal hinuntertreiben lassen bis zum Obersee, der ans westliche Ende der Bätzimatt grenzt. Am idyllischen Ufer gibt es eine Feuerstelle, und wer will, folgt einem schmalen Weg dem Ufer entlang durch den «Urwald» bis zum Steinbruch Guntliweid – ab hier gilt aber: Betreten verboten.

Schloss Grynau, Tuggen
Einst im Visier von Spionen

090

Das Gebiet rund um die Festung Grynau ist ein beliebtes Ausflugsziel für Velofahrer, *Böötler*, Flussschwimmer, Inlineskater und Spaziergänger. Doch so friedlich wie heute ging es da nicht immer zu und her. Durch ihre taktische Lage geriet die Festung Grynau, die zwischen Uznach und Tuggen liegt, im Zweiten Weltkrieg auf den Radar der Deutschen Abwehr. Während der Bauzeit 1939/1940 fielen die Baupläne in die Hände der Abwehrstelle Stuttgart. Gerüchten zufolge wurden die Dokumente von dem Schweizer Albert Daumüller aus dem Abfall des Büros für Befestigungsbauten gestohlen. Daraufhin wurden deutsche Spione entsandt, um vor Ort die Richtigkeit der Pläne zu überprüfen. 1944 wurden die Spione gefasst und in der Schweiz verurteilt. Heute erinnern nur noch die Bunker an das dunkle Kapitel der Schweizer Geschichte – ansonsten herrschen hier Flora und Fauna. Inzwischen sollen hier sogar Biber hausen. Auch wenn man die scheuen, nachtaktiven Tiere wohl kaum zu sehen bekommt, verdient die Ebene zwischen Walen- und Obersee auf jeden Fall einen Besuch.

ADRESSE Schloss Grynau, St. Gallerstrasse, 8856 Tuggen

ÖV Ab Bahnhof Uznach, danach ein Spaziergang zur Grynau.

ÖFFNUNGSZEITEN Täglich, rund um die Uhr.

TIPP Wer sich für Festungen interessiert, kann diese auch nach Voranmeldung besuchen.

www.schwyzer-festungswerke.ch

Greifvogelstation, Galgenen
Greifvögel hautnah erleben

091

In der freien Natur bekommt man sie – wenn überhaupt – nur aus der Ferne zu sehen: Falken, Steinadler, Weisskopfseeadler, Wüstenbussarde und Habichte. Nicht so auf Steven Diethelms Hof in Galgenen/Siebnen. Hier kann man diese imposanten Greifvögel sowie Bartkauz und Fleckenuhu in ihren Volieren besuchen und deren atemberaubenden Flugkünste erleben. Wie das? Als Falkner züchtet und bildet Diethelm Greifvögel für die Beizjagd aus. Diese gilt als ökologische Jagd, weil Beutegreifer und Beutetier dieselbe Chancengleichheit haben wie in der Natur. In der Schweiz werden ausschliesslich Krähen gejagt, um deren Population im Gleichgewicht zu halten. Wichtigste Voraussetzung für die Zucht ist das Vertrauensverhältnis zwischen Beizvogel und Falkner. Das sollte man sich am besten bei einer Vorführung erklären lassen. Nebst der Zucht kümmert sich Diethelm auch um verletzte Wildvögel, die auf seiner Greifvogelstation gesund gepflegt und danach in die Freiheit entlassen werden.

ADRESSE Greifvogelstation, Vorderbergstrasse 83, 8854 Siebnen/Galgenen

ÖV Ab Bahnhof Lachen mit dem Bus bis Siebnen, dann eine knappe Stunde Fussweg zum Hof.

ÖFFNUNGSZEITEN Führungen von Mitte Mai bis Ende August nach Absprache.

TIPP Auf dem Hof gibt es auch eine eindrückliche Präparatesammlung von einheimischen Tieren.

www.beizjagd.ch

ADRESSE Naturschutzgebiet Kaltbrunner Riet, 8730 Uznach

ÖV Mit dem Zug bis Uznach, dann durchs Industriegebiet zum Riet. Der Weg ist ausgeschildert.

ÖFFNUNGSZEITEN Täglich, rund um die Uhr.

TIPP Im Herbst nutzen Zugvögel das Riet als Rastplatz. Idealer Ort zum Beobachten sind die beiden Aussichtstürme.

Kaltbrunner Riet, Uznach
Ausflug ins Vogelparadies

092

Der Kontrast ist beeindruckend: Direkt neben der Industrie- und Gewerbezone von Uznach beginnt das Naturparadies Kaltbrunner Riet. Ein flacher, gekiester Rundweg mit zwei Aussichtstürmen führt durch das Naturschutzgebiet mit seinen Weihern, Teichen und Riedwiesen. Auf den rund 100 Hektar leben zahlreiche, teils seltene Vogelarten, darunter das Blaukehlchen, der Kiebitz, der Teichrohrsänger und die Wasserralle. Nicht zu vergessen der Eisvogel, der mit seiner glänzend blauen Oberseite und dem orangefarbenen Bauch leicht zu erkennen ist. Für eine Begegnung mit ihm braucht man allerdings etwas Glück, denn Eisvögel sind Einzelgänger und sehr selten. Nicht so die Graureiher, die man immer mal wieder regungslos in einem kleinen Tümpel stehend antrifft, wo sie geduldig auf Beute warten. Zum Beispiel auf einen Frosch, und da stehen die Chancen nicht schlecht. Hier im Riet leben über 20 Froscharten, darunter der Moorfrosch, die Erdkröte, der Teichfrosch und die Gelbbauchunke – allerdings nur bei Temperaturen im Plusbereich, denn bei Kälte verkriechen sie sich und verfallen in Winterstarre. Doch egal ob Sommer oder Winter: Ein Spaziergang durchs Kaltbrunner Riet ist immer etwas Besonderes.

Aabachbrücke, Schmerikon
Eine historische Brücke im Naherholungsgebiet

093

Über 40000 Brücken gibt es in der Schweiz. Sie überspannen Flüsse, Schluchten oder Täler und sind oft eindrückliche Bauwerke. So ist auch die Aabachbrücke in Schmerikon am Obersee etwas ganz Besonderes. Die kleine Holzbrücke mit ihren gerade mal 13 Metern Länge, den geschindelten Wänden und dem kleinen Türmchen wirkt fast wie eine Kapelle über dem Bach. Erstellt wurde sie 1917 durch Zimmermeister Johann Müller als Übergang zur Schmerkner Allmend. Ganz klar, dass die historische Brücke irgendwann auch saniert werden musste. Dies geschah im September 2022 und war spektakulär: Der komplette Aufbau der Brücke wurde angehoben und schwebte über dem Unterbau, der ersetzt wurde. Inzwischen ist die Brücke längst wieder für Fussgänger, Velofahrer und Inlineskater offen und wird im beliebten Naherholungsgebiet rege genutzt. Ein Tipp: Unbedingt durch die Ausschnitte der Brücke den Aabach hinauf- und hinunterschauen! Über den Holzbänken zieren geschnitzte Sinnsprüche die alten Balken, wie etwa: «Wir alle müssen drüber zieh'n, und fragen bang: wohin, wohin?»

ADRESSE Aabachbrücke, Allmeindstrasse 15, 8716 Schmerikon

ÖV Mit dem Zug bis Bahnhof Schmerikon, dann Spaziergang Richtung Osten dem Aabach entlang bis zur Brücke.

ÖFFNUNGSZEITEN Täglich, rund um die Uhr.

TIPP Rund um die Schmerkner Allmend gibt es viele Wander- und Velowege, die auch ideal sind zum Inlineskaten, da der Asphalt absolut eben ist.

ADRESSE Löyly Sauna, Strandweg beim Lido, 8640 Rapperswil-Jona
ÖV Ab Bahnhof Rapperswil mit dem Bus bis Haltestelle Sportanlage Lido.
ÖFFNUNGSZEITEN In den Wintermonaten jeweils von 7–21 Uhr.
TIPP Badehosen nicht vergessen, in der Sauna braucht man die zwar nicht, für das Bad im See sind sie aber vorgeschrieben.
www.loyly.ch

Löyly Sauna, Rapperswil
Sauna in Selbstbedienung

094

Sauna ist mehr als nur heisse, feuchte Luft – sie ist auch ein soziales Erlebnis – zumindest in nordischen Ländern. Dort ist es völlig normal, beim Saunieren ein Bier zu trinken. Wer die Sauna auch hierzulande als geselliges Treffen erleben möchte, hat dazu bei der ehemaligen Badi Lido in Rapperswil die Gelegenheit. Dort steht ein Saunawagen, der vom Start-up Löyly betrieben wird. *Löyly* ist finnisch und beschreibt den Wasserdampf, der beim Aufguss entsteht. Der Wagen im Lido bietet Platz für bis zu vier Personen, gebucht wird über die Webseite des Unternehmens. Nach der Bezahlung bekommt man per Mail einen Zugangscode. Zum Umziehen gibt es einen kleinen Vorraum. Die Sauna ist beim Betreten bereits vorgeheizt, die Temperatur liegt stets zwischen 80 und 90 Grad. Die Luftfeuchtigkeit kann mit einem Wasseraufguss auf die Saunasteine beliebig reguliert werden. Wichtig zu wissen: Es ist Pflicht, ein Tuch zu verwenden, damit kein Schweiss auf das Holz tropft. Nach der Sauna folgt die Abkühlung. Und gerade am Lido bietet sich ein erfrischendes Bad im See an. Herrlich!

Campus Mensa, Rapperswil
Gut und günstig essen mit Seesicht

095 Vor über 50 Jahren wurde sie als Interkantonales Technikum Rapperswil (ITR) mit fünf Studiengängen gegründet, später hiess sie Hochschule für Technik Rapperswil (HTR), und heute nennt sich die Bildungsstätte Ostschweizer Fachhochschule (OST). Was sich aber nicht verändert hat, ist die wunderbare Lage direkt am Ufer des Obersees. Und davon können auch Menschen profitieren, die nicht dort studieren. Das Restaurant Pier 2 ist nämlich für alle zugänglich und eröffnet einen spektakulären Blick auf den See und die Bergkulisse. An schönen Tagen kann man auch draussen unter schattigen Bäumen essen und trinken – und das zu sehr moderaten Preisen. Drei Menüs täglich werden unter den Kategorien Fast Lane, Daily Favorites und Lifestyle bereits ab 12,50 Franken für externe Gäste angeboten. Darunter viele vegetarische Gerichte wie eine Gemüse-Tofu-Pfanne, vegane Speisen wie Kichererbseneintopf und natürlich auch Klassiker wie Cordon bleu oder Rindsgulasch. Nebst dem Restaurant kann man sich auch in der Snackbar oder in der Forschungsbar verköstigen.

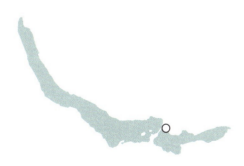

ADRESSE Restaurant Pier 2, Oberseestrasse 10, 8640 Rapperswil

ÖV Mit dem Zug bis Rapperswil, der Campus liegt zwischen Bahnhof und See.

ÖFFNUNGSZEITEN Mensa: April bis September 7.30–19 Uhr, Oktober bis März 7.30–14 Uhr. Mittagessen 11.30–13.45 Uhr.

TIPP Es besteht die Möglichkeit, eine Partyplatte zu bestellen und gleich vor Ort mit Freunden im Aussenbereich ein Picknick zu veranstalten.

www.ost.ch

Holzsteg, Rapperswil-Hurden
Ein Wahrzeichen am Obersee

096

Der Holzsteg, der das St. Galler Städtchen Rapperswil-Jona mit dem Schwyzer Ortsteil Hurden auf der gegenüberliegenden Seeseite verbindet, ist nicht irgendeine Brücke, sondern der längste Holzsteg der Schweiz. Im April 2001 wurde die moderne Holzbrücke mit einer Länge von 841 Metern und zweieinhalb Metern Breite eingeweiht. Sie steht auf insgesamt 233 Pfählen, und mit Ausnahme einiger Konstruktionselemente besteht der ganze Steg aus unbehandeltem Eichenholz. Doch genau das wurde ihr zum Verhängnis. Ein Pilz mit dem kuriosen Namen Eichen-Wirrling hat das Holz des Steges regelrecht aufgefressen. 2022 mussten deshalb Massnahmen getroffen werden. Pfähle, die es besonders schlimm erwischt hat, wurden mit Stützen am Einsturz gehindert. Heute ist der Holzsteg wieder sicher, und sowohl Einheimische als auch Touristinnen und Touristen aus aller Welt geniessen den schönen Spaziergang zwischen Rapperswil und Hurden mit dem tollen Ausblick über den Obersee, der bis zum Säntis, dem Speer, dem Etzel, den Glarner Alpen und den Bergketten entlang des Zürichsees und des Zürcher Oberlandes reicht. Und: Das Gebiet gilt als Naturschutzgebiet und ist eines der wichtigsten Brutgebiete von Wasservögeln.

ADRESSE Holzsteg Rapperswil-Hurden, Strandweg, 8640 Rapperswil-Jona

ÖV Mit dem Zug bis Bahnhof Rapperswil oder bis zur Haltestelle Hurden.

ÖFFNUNGSZEITEN Täglich, rund um die Uhr.

TIPP Der Holzsteg ist Teil des Jakobswegs. Pilger finden eine schöne Unterkunft in der Pilgerherberge in der Rapperswiler Altstadt.
www.pilgerherberge.ch

ADRESSE Kunst(Zeug)Haus,
Schönbodenstrasse 1,
8640 Rapperswil-Jona

ÖV Ab Bahnhof Rapperswil
15 Minuten Fussmarsch
oder mit dem Bus 622 bis
Haltestelle Zeughaus.

ÖFFNUNGSZEITEN
Mittwoch 14–20 Uhr,
Donnerstag 14–17 Uhr,
Freitag bis Sonntag 11–17 Uhr.

TIPP Auf der Webseite unter
der Rubrik «Museum Zuhause»
gibt es ein Robinsonspiel mit
Anleitung, das für den persönlichen Gebrauch ausgedruckt
werden darf.

www.kunstzeughaus.ch

Robinson-Bibliothek, Rapperswil
Abenteuerlust und Südseeromantik

097

Die Geschichte von Robinson Crusoe zählt zu den bekanntesten weltweit. Zur Erinnerung: Ein Seemann strandet als Schiffbrüchiger auf einer einsamen Insel und wird erst nach 28 Jahren gerettet. Das Buch von Daniel Defoe (1660–1731) ist über 300 Jahre alt, inzwischen gibt es zahlreiche Bearbeitungen des Stoffs sowie einige Verfilmungen. Die Begeisterung für Robinsonaden ist bis heute ungebrochen, da sie Abenteuerlust mit Naturverbundenheit und Tropenparadies mit Südseeromantik verbinden. Wer sich mal wieder auf eine Insel träumen möchte, sollte die weltweit grösste Robinson-Buchsammlung besuchen, die sich im Kunst(Zeug)Haus in Rappi-Jona befindet. Denn *Robinson Crusoe* zählt zu den meistgedruckten und -illustrierten Büchern weltweit und gehört auch zu den Werken mit zahlreichen Imitationen und Variationen. Diese besondere Bibliothek verdankt ihre Existenz dem 2018 verstorbenen Rapperswil-Joner Wirtschaftsanwalt Peter Bosshard, dessen Leidenschaft Robinsonaden aus aller Welt galt.

Rotary Buchshop, Rapperswil
Mit Bücherkauf Freude bereiten

098

Bereits seit 2008 betreibt der Rotary Club Oberer Zürichsee in Rapperswil gleich hinter dem Kaufhaus Manor seinen Shop für gebrauchte Bücher, CDs, DVDs und Schallplatten. Und dieser ist in vielerlei Hinsicht etwas Besonderes: Verkaufspersonal gibt es hier keines, die Bücher und Tonträger, übrigens alle in sehr gutem Zustand und sauber kategorisiert, werden in bar oder mit TWINT bezahlt. Die Kosten für Miete und Einrichtung tragen die Rotarier und der Betrieb erfolgt ehrenamtlich, sodass über 95 Prozent des Erlöses aus dem Büchershop an Hilfsprojekte fliessen. Beispielsweise für den Zugang zu sauberem Wasser in einem Dorf in Indien oder für Hilfe für die Opfer von Personenminen und Blindgängern. Wer möchte, kann nicht mehr benötigte Bücher und Tonträger im Buchshop abgeben. Diese werden dann an Interessierte zu günstigen Preisen weitergegeben. So kostet ein gebundenes Buch 5 Franken, Kinder- und Jugendbücher gerade einmal 2,50 Franken. Und mit rund 10 000 Büchern aus praktisch jeder Fachrichtung wird man garantiert fündig.

ADRESSE Rotary Buchshop, Merkurstrasse 22, 8640 Rapperswil

ÖV Mit dem Zug bis Bahnhof Rapperswil, dann drei Minuten Fussweg Richtung Manor.

ÖFFNUNGSZEITEN Montag bis Freitag 9–18.30 Uhr, Samstag 9–17 Uhr.

TIPP Für die Anlieferung von Büchern und Tonträgern gelten fixe Termine, die man auf der Webseite findet.

www.rotary-buchshop.ch

Kapuzinerkloster, Rapperswil
Auszeit im Kloster

099

Wer dem hektischen Alltag für einige Tage entkommen möchte, ist im Kapuzinerkloster Rapperswil am richtigen Ort. 420 Jahre ist es alt und wurde an die Mauer der Altstadt gebaut, direkt unterhalb des Schlossbergs mit dem Hirschpark. Während der sogenannten Mitlebezeiten wird gemeinsam meditiert, gearbeitet, gegessen und getrunken, aber es bleibt auch Raum für persönliche Zeit, zum Beispiel für Wanderungen. Je nach Wunsch dauern diese Auszeiten ab Montagmittag oder kürzer ab Donnerstagabend bis Sonntag und immer im Kreis mehrerer Gäste. Auch wer nur einmal einen Blick hinter die Klostermauern werfen möchte, ist willkommen. Für Gruppen zwischen fünf und zwanzig Personen erläutert einer der Brüder die Geschichte des Klosters und die Lebensweise der Gemeinschaft. Der Rundgang führt durch die Gemeinschaftsräume wie Kirche, Gebets- und Meditationsraum, Kreuzgang und Refektorium und den Speiseraum des Klosters. Eine solche Führung ist nicht nur spannend, um Einblick ins Klosterleben zu erhalten, sondern auch wegen des wunderbaren Ausblicks von der Klosterterrasse aus über den Zürichsee bis zu den beiden Inseln Ufenau und Lützelau.

ADRESSE Kapuzinerkloster Rapperswil, Endingerstrasse 9, 8640 Rapperswil
ÖV Ab Bahnhof Rapperswil entweder durch die Altstadt oder dem Seeufer entlang bis zum Kloster.
ÖFFNUNGSZEITEN Pforte und Klostercafé gemäss Webseite.
TIPP Für das Gemeinschaftsgebet können Sorgen, Freude und Dank über die Webseite übermittelt werden.
www.klosterrapperswil.ch

ADRESSE Altstadt von 8640 Rapperswil-Jona

ÖV Ab Bahnhof Rapperswil in wenigen Schritte zur Altstadt.

ÖFFNUNGSZEITEN Teilweise täglich, rund um die Uhr.

TIPP Es werden regelmässig öffentliche Führungen durch die Rosengärten angeboten.

www.rapperswil-zuerichsee.ch

Rosengärten, Rapperswil
In Farben und Düften schwelgen

100

Rund 24 000 Rosen blühen vom Frühling bis in den Herbst hinein in den Rosengärten der Stadt Rapperswil. Rappi hat sich also den Namen Rosenstadt mehr als verdient. Wann die Rapperswiler ihre Liebe zur Rose entdeckten und die ersten Rosengärten anlegten, ist unklar, es dürfte aber schon recht lange her sein. Das Stadtwappen jedenfalls trägt auf silbernem Grund zwei rote Rosen. Überliefert ist, dass bereits in den 1830er-Jahren zahlreiche Gärten im aufgefüllten Stadtgraben angelegt und mit Rosen bepflanzt wurden. Heute zieren neben vielen privaten auch vier öffentliche Rosengärten das Altstadtbild von Rapperswil: der Rosengarten am Fusse des Rebberges beim Kapuzinerkloster, der Rosengarten beim Einsiedlerhaus, das Mainaugärtchen an der Hintergasse und der einzigartige Duftrosengarten für Blinde und Sehbehinderte auf der Schanz. Er entstand 1984 über der städtischen Tiefgarage und präsentiert 1500 besondere Rosen mit 75 unterschiedlichen Düften: Honig, Apfel, Birnen, Limone … Ein Schnupper-Spaziergang durch diesen Garten ist ab ungefähr Mai, wenn die Rosenblüte beginnt, ein einmaliges Erlebnis.

Hirschpark Schloss Rapperswil
Von Grafen und Damhirschen

101 Den Rapperswiler Kinderzoo mit seinen Giraffen, Elefanten, Flamingos und zahlreichen weiteren Tieren kennt wohl die ganze Schweiz. Etwas weniger bekannt ist der idyllische Hirschpark unterhalb des Schlosses Rapperswil. Knapp zwanzig Damhirsche leben auf dem weitläufigen, abschüssigen Gelände. Wie es dazu gekommen ist? Das erklärt die Sage zur Stadtgründung von Rapperswil:

An einem frühen Morgen machte sich der Herr von Rapperswil mit seiner Gemahlin und seinen Knechten auf, um am See auf Jagd zu gehen. Am Ufer witterten die Hunde eine Hirschkuh, die sie bis auf einen Felsvorsprung verfolgten. Das Tier floh in eine Höhle, in der sie die Jäger mit zwei Kälbern vorfanden. Die Frau zeigte Mitleid mit den Tieren und bat ihren Gatten, das Tier zu verschonen. Während der Rast zur Mittagszeit kehrte die Hirschkuh zurück und legte ihren Kopf sanft in den Schoss der Frau. Der Graf deutete dies als göttliches Zeichen und entschied, auf dem Felsen eine neue Burg und am südlichen Hang eine kleine Stadt zu errichten. Heute ist der Park vor allem im Sommer sehr beliebt, weil er im Schatten des Schlosses liegt. Kinder freuen sich über den grossen Spielplatz am Fusse des Hügels, wer Lust auf ein Bad hat, dem sei die schöne, alte Holzbadi am Seeufer empfohlen.

ADRESSE Hirschpark Rapperswil, Lindenhügel, 8640 Rapperswil-Jona

ÖV Mit dem Zug bis Bahnhof Rapperswil und zu Fuss zum Schloss hoch.

ÖFFNUNGSZEITEN Täglich, rund um die Uhr.

TIPP Die Brunftzeit der Damhirsche dauert von Mitte Oktober bis Mitte November. In dieser Zeit lassen sie sich besonders gut beobachten. Allein das Röhren des Platzhirsches ist ein Erlebnis.

ANHANG

Bildnachweis

Sofern nicht anders gekennzeichnet, Bilder von:
Meret Steiger, Eva Siegenthaler, Martin Tschupp

Bernhard Ries: S. 175
Bodega Española: S. 107
Botanischer Garten der Universität Zürich: S. 91
Brigitte Beck: S. 52
Café Miyuko: S. 112
Chris Reist: S. 129
Christiane Schmid: S. 104
Eisfeld Lachen: S. 194
Freihof Küsnacht: S. 82
Gemeinde Horgen: S. 151
Gemeinde Zollikon: S. 85
Genossendschaft Pro Sagi Samstagern: S. 179
Irene Wehrli: S. 157
Keramik Mal-Café: S. 92
Kunsthaus Zürich, Franca Candrian: S. 97
Marc Achhammer: S. 47
Markus Gloor: S. 137
Maurice Haas: S. 111
René Baumann: S. 17
Sandra Hänni: S. 62
SBB Restaurant Oase: S. 115
s'Gwächshuus: S. 21
Steven Diethelm: S. 203
Thomas Moser, Artworth: S. 76
Urs Bolz: S. 75, 78, 99, 100, 120, 130, 133, 152, 161, 180, 184, 201, 213, 219, Umschlag

Mit herzlichem Dank an Meret Steiger, Eva Siegenthaler und Martin Tschupp für das umfangreiche Fotomaterial.

Die Autorin

Marianne Siegenthaler ist freie Journalistin und Buchautorin. Sie liebt den Zürichsee, wo sie auch aufgewachsen ist, und ist in ihrer Freizeit häufig auf dem Segelboot oder beim Schwimmen anzutreffen – wenn sie nicht gerade mit dem Motorrad unterwegs ist. Sie hat eine erwachsene Tochter und lebt mit ihrem Mann seit vielen Jahren in Uetikon am See.
www.texterei.ch

Dank

Ein riesiges Dankeschön an euch, Meret, Evi, Martin, Caspar, Nadia, Sandra und Zeynep! Danke, dass ihr mit Herzblut fotografiert, eure besten Tipps geteilt, die richtigen Fragen gestellt und mich jederzeit unterstützt habt. Dank eurem Engagement ist aus einer Idee dieses besondere Buch entstanden.

Entdeckungsreisen im AS Verlag

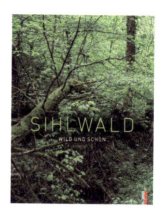

Der Kanton Zürich ist Vorreiter im Naturschutz mit einer Vielfalt von Landschaftstypen. Das Buch dokumentiert die Zürcher Landschaften, gegliedert in Natur, voralpine Gebirgslagen, See- und Flusslandschaften sowie Wälder und Moore. Ein einleitender Text von Hans Weiss beleuchtet die radikale Umgestaltung des Kantons und betont den Erhalt dieser Landschaften. Essays von Bernhard Nievergelt und beeindruckende Fotografien von André Roth und Marc Schmid zeigen die unverändert schöne Natur, die ihre Faszination bewahrt hat.

Heinz von Arx (Hrsg.)
Zürcher Landschaften
Natur- und Kulturlandschaften des Kantons Zürich
268 Seiten, Hardcover
ISBN: 978-3-906055-54-1

Was bedeutet Wildnis und was macht sie mit uns? Diese Fragen sind besonders aktuell, denn die Schweiz besitzt einzigartige Wildnisgebiete. Ein Beispiel ist der Wildnispark Zürich Sihlwald, der sich seit 2000 in eine besondere Form von Wildnis verwandelt. Im Ballungsraum zwischen Zürich und Zug bietet er Lebensraum für Tiere und Pflanzen. Der Sihlwald wird dank dem Schutz der natürlichen Dynamik zu einem Naturwald, der den Besuchern eine Atmosphäre alter Urwälder näherbringt und Forschern ein einmaliges Naturlabor bietet.

Caroline Fink
Sihlwald
Wild und schön
180 Seiten, Hardcover
ISBN: 978-3-03913-009-2

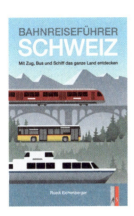 

Dieses Buch ist ein Lockruf, das Bahnland Schweiz besser kennenzulernen und zu verstehen. Auf der Schiene, ergänzt durch Bus und Schiff, erleben Sie die einzigartige landschaftliche und kulturelle Vielfalt dieses Landes so intensiv und klimafreundlich wie mit keinem anderen motorisierten Verkehrsmittel. 30 fixfertige Routen, kombiniert mit Wander- und Velotipps, laden zu halb- oder ganztägigen Rundreisen im Bahnmekka Schweiz ein. Zudem bieten Karten und Texte viele Möglichkeiten, die vorgeschlagenen Routen zu ändern und zu kombinieren.

Ruedi Eichenberger
Bahnreiseführer Schweiz
Mit Zug, Bus und Schiff das ganze Land entdecken
420 Seiten, kartoniert
ISBN: 978-3-03913-014-6

Zwanzig besondere Brockenhäuser aus dem Gebiet der Deutsch- und Welschschweiz werden in diesem Bildband porträtiert. Grossformatige Fotos und poetische Texte führen tief hinein in das faszinierende Universum der Räume und Dinge. Porträts von Mitarbeitenden geben Einblick in das Engagement und die persönlichen Geschichten der in den Brockenstuben tätigen Menschen. Ein überaus vitales Stück schweizerischen Kulturguts. Bonus: Brockistories von Alex Capus, Franz Hohler und Tim Krohn.

Iris Becher, David Knobel
Die schönsten Brockis der Schweiz
220 Seiten, Hardcover
ISBN: 978-3-03913-001-6